Gestão de Pessoas por Competências

Gestão de Pessoas por Competências

COMO OPERACIONALIZAR O MODELO NA PRÁTICA

2023

Iêda Maria Vecchioni Carvalho
Luciana Vecchioni Carvalho Lickfeld

ACTUAL

GESTÃO DE PESSOAS POR COMPETÊNCIAS
COMO OPERACIONALIZAR NA PRÁTICA ESSE MODELO
© Almedina, 2023
AUTORAS: Iêda Maria Vecchioni Carvalho e Luciana Vecchioni Carvalho Lickfeld

DIRETOR DA ALMEDINA BRASIL: Rodrigo Mentz
EDITOR: Marco Pace
EDITOR DE DESENVOLVIMENTO: Rafael Lima
ASSISTENTES EDITORIAIS: Larissa Nogueira e Letícia Gabriella Batista
ESTAGIÁRIA DE PRODUÇÃO: Laura Roberti

REVISÃO: Gabriela Leite e Tamiris Maróstica
DIAGRAMAÇÃO: Almedina
DESIGN DE CAPA: Roberta Bassanetto

ISBN: 9786587019727
Agosto, 2023

Dados Internacionais de Catalogação na Publicação (CIP)
(Câmara Brasileira do Livro, SP, Brasil)

Carvalho, Iêda Maria Vecchioni
Gestão de pessoas por competências : como operacionalizar na prática esse modelo / Iêda Maria Vecchioni Carvalho, Luciana Vecchioni Carvalho Lickfeld. -- São Paulo, SP : Actual, 2023.

Bibliografia.
ISBN 978-65-87019-72-7

1. Administração de pessoal 2. Carreira profissional 3. Competências 4. Desempenho - Avaliação 5. Desenvolvimento profissional 6. Pessoal - Recrutamento 7. Remuneração I. Lickfeld, Luciana Vecchioni Carvalho. II. Título.

23-160 569 CDD-658.3

Índices para catálogo sistemático:

1. Gestão de pessoas : Administração de empresas 658.3

Tábata Alves da Silva - Bibliotecária - CRB-8/9253

Este livro segue as regras do novo Acordo Ortográfico da Língua Portuguesa (1990).

EDITORA: Almedina Brasil
Rua José Maria Lisboa, 860, Conj.131 e 132, Jardim Paulista | 01423-001 São Paulo | Brasil
www.almedina.com.br

Dedicatória

Agradecemos à chegada da luz em nossas vidas, um ser especial chamado Sophia, que nos fez renascer e experimentar um amor de avó e de mãe que não tem tamanho e que nos inspira todos os dias a sermos pessoas melhores e buscarmos continuamente uma evolução em nossas almas e em nossos corações.

Agradecimentos

À nossa família de sangue e de coração pela força desde o início de nossas vidas profissionais.

À equipe IMC Desenvolvimento Empresarial pelos constantes questionamentos e pela leitura cuidadosa do nosso livro.

Aos nossos clientes e alunos queridos pela confiança depositada em nosso trabalho.

Apresentação

O cenário atual é complexo. Ao considerar as mudanças políticas, econômicas, sociais, dentre outras, ocorridas nacional e internacionalmente, já se percebe um aumento dessa complexidade no âmbito pessoal e profissional.

Com isso, ao menos tivemos que aprender novas tecnologias, novas atividades, novas formas de comunicação e novas formas de nos relacionar com os demais.

Reinvenção é a palavra do momento. Até as dúvidas, as preocupações e os momentos de alegria tiveram que ser reinventados, vistos de outra forma, realizados de maneiras diferentes.

Nosso emocional foi esplêndido. Mesmo com crises de depressão ou ansiedade, a vida continuou e tivemos que lidar com essas antigas e novas emoções de um jeito nunca antes imaginado.

Gerenciar estresse (nosso e de quem está em nosso círculo de convivência) não é fácil. E, além de tudo, ter que continuar produzindo e fazendo as nossas tarefas, visando o alcance dos mesmos resultados que esperavam de nós antes do advento da pandemia, talvez até mais, em função do desgaste natural ocorrido nos momentos de crise.

O mundo nunca mais será o mesmo. Nós nunca mais seremos os mesmos. Temos que nos modificar, temos que nos transformar, temos que nos recriar para mantermos e evoluirmos em nossas competências.

Se é assim que tem que ser, que assim seja. Vamos em frente. Vamos tirar forças de dentro de nós (e todos nós temos essas forças, basta querer) e alavancar todo o nosso potencial. "Juntos somos mais fortes". Lemos e ouvimos muito essa frase e concluímos que ela é extremamente verdadeira.

Vamos acelerar o nosso aprendizado conceitual e ampliar a nossa cognição. Vamos realizar buscas e pesquisas sobre aquilo que conhecemos e não conhecemos, mas entendemos como importante, e evoluir a nossa mente. Vamos gerenciar nossos sentimentos e elevar nossa emoção. Só assim seremos verdadeiramente reais. Só assim sairemos de um mundo traumático e pós-traumático com a certeza de que não foi em vão.

As lições aprendidas e as que aprenderemos nesse momento tão conturbado nos auxiliarão a continuar a caminhada e a valorizar o que temos e o que ainda poderemos contribuir com a humanidade.

Em nossa área de gestão de pessoas, e aí nos referimos não somente ao já conhecido RH (Recursos Humanos), como também aos gestores de pessoas, nosso compromisso é com a meritocracia. O que podemos fazer para que as organizações alcancem seus objetivos, por meio do conhecimento, do envolvimento e da atuação de seus colaboradores?

É por isso que escrevemos este livro. Ele é o reflexo do que acreditamos. O conhecimento sobre as competências nos levará a sermos, dentro das organizações, mais humanos e mais profissionais, mais gente e mais gestores, mais pessoas e melhores técnicos, conduzindo as equipes a um trabalho de extrema qualidade e com o devido reconhecimento aos seus autores.

Vamos seguir em frente!

Prefácio

O ato de ler ou de ouvir se tornou um pouco mais complexo desde que nos obrigamos a avaliar não somente a qualidade do conteúdo que está sendo apresentado, mas também (e principalmente) sua autoria.

Dependendo da fonte, atribuímos confiabilidade ou considerável dúvida. Por esse motivo, começo este prefácio compartilhando a confiança que tenho nas autoras. Pessoas de meu relacionamento há longo tempo, por quem tenho apreço pessoal e profissional.

Pessoal, por conhecer bem a idoneidade e as atitudes permanentemente voltadas para os mais elevados princípios. Profissional, por ter acompanhado a trajetória de Iêda Vecchionin desde quando era funcionária de uma relevante multinacional, até os dias de hoje, como consultora e professora. E agora autora deste livro. Seguindo seu caminho de dedicação e sucesso, vem sua filha Luciana, com a mesma garra, o mesmo carinho e o mesmo amor pela nossa área.

Em relação a este livro, vale destacar/reforçar algumas qualidades. Sem desejar colocar em ordem de importância, começo por certificar que ele parte de um sólido conhecimento teórico, sendo, a teoria, fundamental para a elaboração de um pensamento ou a construção de um conhecimento.

O domínio de uma teoria e de seus aspectos habilita analisar um tema e propor sua ampliação de forma segura e construtiva. Sua elaboração também obedece aos princípios da objetividade e da assertividade. Isso assegura que cada página contribui de maneira robusta e que não perdemos tempo com uma leitura desnecessária.

Naturalmente, tenho que destacar que seu conteúdo oferece uma ponte entre a Academia e a prática. Uma característica de quem, tendo uma sólida experiência profissional, quando no papel de professora ou autora, sabe equilibrar a importância de tratar de temas de maneira conceitual (ou teórica), sem perder de vista a aplicação no cotidiano profissional. Assim, a leitura deste livro resulta em uma segurança cognitiva e a certeza de que terá aplicações práticas no trabalho.

Vale destacar um mérito específico: não raramente repetimos palavras ou ideias que nos são muito familiares, mas que, às vezes, temos dificuldades de definir com total clareza. Em seu conteúdo, este livro exprime uma definição clara sobre o que é competência do ponto de vista de Recursos Humanos, para então discorrer sobre sua gestão e trato no ambiente de RH.

E para finalizar, um outro aspecto... Muito se tem falado em: como reter talentos? Tenho severas dúvidas se essa pergunta está correta. Afinal, uma pessoa talentosa se presta a ser "retida" por uma organização? Penso que não. Mas este é um prefácio e não um capítulo. Assim, trago essa provocação de forma resumida, porque, muitas vezes, deixamos de nos preocupar e dar importância à valorização das competências dos profissionais nas organizações e/ou em outros ambientes, o que demonstra a importância do tema abordado neste livro. Desejo uma boa e engrandecedora leitura!

PAULO SARDINHA
Presidente da Associação Brasileira de Recursos Humanos – ABRH Brasil

Sumário

Introdução

Este livro se destina a todos aqueles que querem aprender a utilizar o modelo de Gestão de Pessoas por Competências em suas organizações.

Anos atrás, quando surgiram os primeiros conceitos sobre essa metodologia, pensava-se que era mais um modismo, como tantos outros que vimos surgir e desaparecer ao longo do tempo.

Entretanto, até os mais radicais hoje se rendem às competências, porque, pela primeira vez, encontramos um modelo capaz de ser discutido com o poder decisório das organizações por meio de uma linguagem conhecida por todos, sendo essa a linguagem dos indicadores, da objetividade e dos resultados.

Falar de competências e poder demonstrar efetivamente o quanto elas existem ou, ao menos, o quanto elas são percebidas pela grande maioria, independentemente da posição hierárquica, do nível de instrução, do cargo ocupado, traduz esse modelo como um sinônimo de meritocracia, pois reduz consideravelmente a subjetividade dos processos.

Selecionar candidatos a partir de observações únicas e concretas, utilizadas por gestor e selecionador, aumenta a resposta positiva e agiliza o processo.

Ajudar os gestores a darem *feedbacks* aos seus subordinados com maior propriedade, baseados em fatos e evidências, contribui para um movimento de reciprocidade e consequente aumento da produtividade.

Gerar evoluções funcionais com foco em critérios compreendidos e negociados por ambas as partes — gestor e colaborador — evita constrangimentos e queda de autoestima, além de marcar um ponto para a meritocracia, tão falada e tão desejada atualmente.

Se, aliados a este modelo, ainda tivermos a consciência e a sensibilidade de entendermos que a prática das competências comportamentais, ou melhor dizendo, a utilização de atitudes saudáveis, nos levarão a resultados produtivos, ao reconhecimento e ao sucesso, certamente não teremos mais como questionar ou criar embates desnecessários.

Este livro, portanto, pretende trazer todas essas práticas embasadas por conceitos já elaborados por grandes estudiosos e pela vivência das autoras, além dos aspectos comportamentais que nos farão refletir sobre como podemos evoluir como pessoas e profissionais no ambiente organizacional.

O capítulo 1 traz o cenário da área de Gestão de Pessoas e sua evolução, para que possamos entender exatamente qual a aplicação desse modelo nas organizações contemporâneas.

O capítulo 2 traz todos os conceitos e exemplos do modelo da Gestão por Competências, de forma que possam ser utilizados com entendimento e maior propriedade.

Os capítulos 3 a 7 descrevem como operacionalizar os processos de Gestão de Pessoas relacionados a: Recrutamento e Seleção, Cargos, Carreiras e Remuneração, Avaliação de Desempenho, Treinamento e Desenvolvimento e Avaliação de Resultados de Capacitação, todos no modelo das competências, incluindo procedimentos, instrumentos e ferramentas para aplicação.

Embora essas denominações tenham passado por evoluções ao longo do período, tais como Atração ou Captação e Seleção, Organização e Compensação, Gestão de Desempenho e Capacitação e Desenvolvimento, consideramos mais eficaz apresentar os nomes originais desses subsistemas, de maneira que todos possam compreender o que é trazido como conceitos e práticas.

Costumamos dizer que o mais importante não é o nome que se atribui a determinado processo ou ação, mas o que fazemos e como agimos em relação ao que é importante, o que deve ser feito, de que forma o desenvolvemos e, em especial, que resultados queremos obter e se de fato os obtivemos.

O capítulo 8, por fim, traz os aspectos comportamentais que devem ser aliados à prática do modelo das competências para que tenhamos sucesso em sua aplicação.

Esperamos que você possa aproveitar o conteúdo e a prática descritos neste livro e transformar suas ações em resultados muito mais ágeis, dinâmicos e produtivos.

1. O Cenário da Área de Gestão de Pessoas

O cenário atual, quando a competitividade mostra uma necessidade de se descobrir diferenciais que permitam às empresas do setor privado uma maior sustentabilidade, assim como na área pública e no terceiro setor, se exige uma maior transparência nas ações adotadas e um comprometimento com as políticas desenvolvidas e implementadas, faz com que se repense com urgência a forma de atuação das organizações.

Processos de mudança que ocorreram no passado se tornam desatualizados, na medida em que a evolução é frequente e exige cada vez mais um pensamento que não mais propicie apenas o raciocínio, mas que seja estratégico na arte de gerenciar essas transformações.

Nesse contexto, a aptidão de agir e interagir com base em diversas formas de percepção só poderia estar centralizada no ser humano, como o único capaz de executar ações frente a obstáculos ou dificuldades que surjam no caminho do alcance de seus objetivos.

Historicamente, a gestão de pessoas começou a existir de forma bastante precária quando se iniciou o movimento de proteção ao empregado, com a introdução das leis trabalhistas. Para que elas fossem cumpridas, tornavam-se necessárias atividades de registro e controle, o que fez com que se criasse o Departamento de Pessoal.

Esse departamento passou a ser visto como o centralizador de tudo que se relacionasse às pessoas, inclusive as ações de admissão e demissão, não apenas nas providências que teriam (e têm) que ser tomadas, mas também como a área responsável pelos comunicados oficiais das organizações.

Ora, se os gestores, que conhecem bem suas equipes, não assumem a responsabilidade por suas decisões, como pode alguém de outra unidade de trabalho relacionar e expor argumentos que justifiquem uma deliberação da organização?

Com base nessa justificativa, a área de Gestão de Pessoas, anteriormente (e ainda) denominada Recursos Humanos, passou a buscar o desenvolvimento de técnicas que contribuíssem para essas resoluções, criando os subsistemas de recrutamento e seleção, cargos e salários, treinamento e desenvolvimento e avaliação de desempenho.

Embora ainda muito operacional, pois dependem de instrumentos e ferramentas que colaboram na identificação e consolidação de informações relevantes, propicia uma evolução com a tentativa de aproximação dos responsáveis pelas áreas de trabalho, na busca por um maior envolvimento destes com as ações relativas à gestão das pessoas. Entretanto, não demonstra ainda uma associação mais próxima com os direcionadores estratégicos das organizações.

Atualmente, contudo, mais uma vez se torna imprescindível citar o fato de que não se deve perder de vista a competitividade e a representatividade das empresas e instituições, o que faz com que a gestão de pessoas tenha que ser capaz de contribuir para os estudos e aplicações práticas de uma inteligência competitiva, de forma ágil, dinâmica e alinhada aos direcionadores.

Assim, a construção de um modelo técnico não se mostra suficiente para atender a essa demanda, o que leva a área a adotar uma nova postura, direcionada para o negócio e a atividade fim da organização.

Gestão de pessoas e objetivos de negócio

Neste cenário, percebe-se que algumas empresas vêm se preocupando com a definição de seus objetivos de negócio, fator imprescindível para a sobrevivência e o alcance do sucesso esperado.

Entendemos ainda que uma organização, para se tornar vencedora dentro desta realidade, deve ser constituída por um conjunto de pessoas que trabalham reunidas e de forma estruturada, buscando atingir objetivos de negócio em um determinado mercado.

Embora os objetivos de negócio apresentem metas diferentes em cada empresa, já se percebe que podem ser determinados como os principais:

- a receita (financeira), sem a qual não se consegue dar andamento ao propósito da organização;
- o *market share* (ou fatia de mercado), traduzido pelo mercado a ser alcançado e que fará o objetivo relacionado à receita acontecer;
- a satisfação dos clientes, pois sem clientes não há mercado nem receita e;
- a satisfação dos colaboradores, pois estes identificam necessidades, criam, otimizam e executam processos, entendem e atendem às demandas dos clientes, além de agirem com empatia em cada relacionamento interna e externamente, mantendo a imagem positiva da organização.

Reparem que esse modelo estratégico tem a forma que representa um ciclo. Na figura apresentada, ele gira de maneira positiva, mostrando como os objetivos de negócio estão interligados. Se não tomarmos cuidado, ele pode passar a girar no sentido inverso, trazendo muitos efeitos negativos para as empresas.

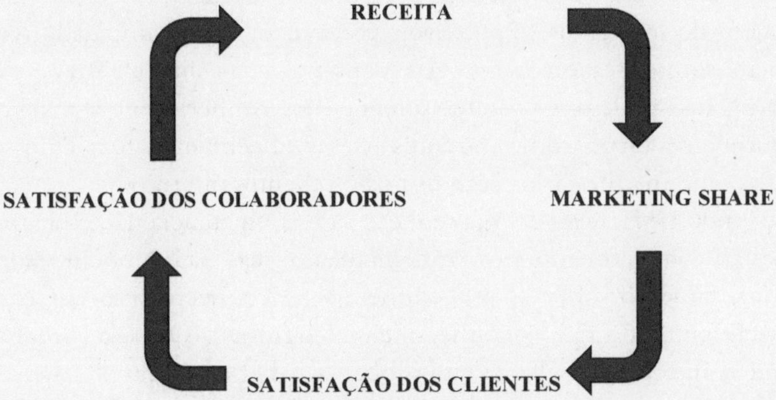

Figura 1.1 – Objetivos de negócio

Sendo assim, para que esse ciclo seja completo e alcance os resultados propostos, torna-se necessária a preocupação e o interesse pela satisfação dos colaboradores enquanto mola mestra para que os acontecimentos ocorram da forma esperada. Para isso, entretanto, precisamos agir de maneira a entender, de forma ampla e abrangente, as situações e os contextos que circundam e interferem em nossas organizações, agindo como verdadeiros consultores internos para toda a empresa.

E é nesta nova configuração que surgem a Gestão de Pessoas por Competências e uma atuação baseada no formato de consultoria interna, em que o profissional da área de pessoas é o responsável pelo desenvolvimento de técnicas e ferramentas que contribuam para a implementação e o sucesso do modelo, assim como pela assessoria aos gestores nas tomadas de decisão, cabendo a estes a comunicação e interrelação com suas respectivas equipes.

Percebe-se, portanto, com esse aumento da complexidade organizacional, uma nova contextualização para a área de Gestão de Pessoas e a necessidade de um novo perfil para o profissional que nela atua.

Esse profissional terá que ser, ao menos, alguém com um nível muito mais elevado de conhecimentos, uma percepção ampliada, um alto grau de flexibilidade e com uma capacidade de analisar cenários externos e climas internos, consolidando todos esses elementos e informações diversificadas de forma planejada e alinhada aos objetivos estratégicos.

Paralelas a essa situação, não podemos deixar de citar as mudanças necessárias aos profissionais de todas as áreas, na medida em que todas contribuem para o alcance dos objetivos de negócio das empresas. Se entendemos que além de sermos os responsáveis por executar determinada atividade também somos responsáveis pelas consequências que ela trará para a empresa, não podemos nos ater somente aos conhecimentos requeridos, mas também à forma como traremos esses conhecimentos para o nosso dia a dia e como manifestá-los com os nossos clientes internos.

Segundo Le Boterf (1995), o conceito de competência não está atrelado apenas ao conhecimento teórico demandado, mas está também associado ao conhecimento sobre os procedimentos, o conhecimento empírico, o conhecimento social e o conhecimento cognitivo. Ou seja, precisamos entender, interpretar, saber como proceder, saber como fazer, saber como nos comportar e saber como lidar com a informação, o que significa um valor muito maior do que simplesmente termos o conhecimento sobre algo referente ao nosso trabalho.

Segundo o mesmo autor, precisamos ainda ter, além da educação formal e continuada, uma experiência profissional e social que nos leve a internalizar e colocar em prática os conhecimentos adquiridos, de forma apropriada ao contexto das organizações, e que possam trazer um verdadeiro valor àquilo que produzimos.

Assim, a compreensão do conceito sobre o modelo da Gestão de Pessoas por Competências não basta. Precisamos entender em que contexto nos situamos, como estão nossas empresas, o que elas precisam para sua evolução, de que forma podemos abordar essa nova metodologia e como poderemos implantá-la visando resultados saudáveis e produtivos para todos.

Ao conseguirmos absorver os conceitos e verificar como podemos colocá-los em prática conforme a nossa realidade, estaremos não só praticando um autodesenvolvimento, como trazendo para as nossas organizações algumas possibilidades de crescimento que se mostram mais ágeis e práticas e, consequentemente, mais alinhadas com o cenário atual.

Esta é a verdadeira pretensão desse livro, portanto, vamos iniciar pelo entendimento do que é a Gestão por Competências.

2. A Gestão por Competências

A Gestão por Competências trouxe para a área de Gestão de Pessoas a possibilidade de uma atuação muito mais ampla, objetiva e em conformidade com as diversas linhas de pensamento dentro das organizações e com os resultados de negócio esperados.

A princípio, pode-se admitir que é de suma importância que as análises efetuadas, assim como as proposições de soluções apontadas como produtivas, não sejam de responsabilidade apenas da cúpula das organizações e sim de todo o quadro funcional.

Ao mesmo tempo, não se pode ignorar a necessidade de identificar os direcionadores estratégicos — visão, missão, valores e objetivos —, de forma a se poder verificar o que é indispensável para mantê-los ou alcançá-los com produtividade e efetividade.

Entende-se por missão a razão de existir da organização, ou seja, é o que ela se propõe a fazer para um determinado público ou mercado. Normalmente, a missão é construída iniciando-se por um verbo no infinitivo e continua explicando a forma como isso ocorrerá, concluindo com o público para quem se destina.

Exemplo:

"A missão da empresa X é prestar serviços na área de gestão de pessoas que contribuam para a qualidade de vida e de trabalho dos colaboradores, das organizações e dos clientes, visando direcionar os esforços conjuntos para o alcance de seus objetivos de negócio."

A visão das organizações pode ser traduzida como o sonho real. Algo que ainda não existe, mas que é possível dentro de um determinado período de tempo. Normalmente, as empresas definem suas visões estabelecendo parâmetros como "tornar-se líder" ou "ser reconhecida em âmbito nacional" ou, ainda, expandir suas operações para toda a América do Sul, por exemplo.

O fato é que uma visão não pode ser construída se não estiver calcada em bases sólidas e viáveis. A determinação do período de tempo contribui para que a organização acompanhe sua evolução e a possibilidade de alcançar de fato a visão estabelecida.

Como exemplo de visão, temos:

"Tornar-se referência, em âmbito nacional, como empresa especializada em gestão de pessoas até o ano de xxxx."

Já os valores se referem ao tipo de conduta que a organização quer ter para alcançar seus objetivos. Costumam ser associados a princípios que são internalizados pelas pessoas e que direcionam seus comportamentos e ações.

Exemplos de valores:

- **Ética:**

Agir de forma consonante com o conjunto de regras de conduta e política da organização.

- **Comprometimento:**

Produzir e desenvolver as atividades com responsabilidade e empenho, atingindo os objetivos e cumprindo os prazos estabelecidos.

- **Respeito:**

Demonstrar consideração, entre os colaboradores e clientes, por meio de um sentimento positivo de estima, valorizando o ser humano.

- **Desenvolvimento:**

Buscar de forma produtiva o progresso e a ampliação da organização, profissional e pessoal, bem como dos clientes e parceiros.

- **Qualidade:**

Trabalhar para que o produto seja desenvolvido com excelência, talento e propriedade.

Os direcionadores estratégicos servem de sustentação e apoio para a definição dos objetivos estratégicos e estes para o desenvolvimento e a realização das diversas atividades da empresa.

Mas, e o que os direcionadores estratégicos têm a ver com as competências? Nada mais tem sucesso e produtividade, hoje em dia, se não se relaciona com os resultados de negócio esperados. Portanto, com as competências não poderia ser diferente.

A Gestão por Competências surgiu como resposta a uma necessidade do mundo organizacional de se tornar mais ágil, dinâmico, otimizado em seus processos e, consequentemente, mais competitivo, além de atuar de forma direcionada para a eliminação/redução das lacunas existentes, na medida em que consegue definir o que se espera em termos de capacidades para o alcance dos resultados estratégicos determinados e o que de fato se tem na organização, considerando os perfis de seus colaboradores.

Para McClelland (1973), competência pode ser considerada um conjunto de qualificações que conduzem o indivíduo a um desempenho superior àquele que ele teria caso não as apresentasse em seu perfil.

Prahalad e Hamel (1990), autores bastante conhecidos por seus estudos sobre competências, trouxeram uma importante contribuição para o tema, em especial no que tange às competências essenciais, compreendidas por eles como a fonte da vantagem competitiva das organizações. Segundo eles, uma competência deveria levar a uma vantagem competitiva que, por sua vez, deveria elevar a condição das empresas que conseguem mapeá-la.

Segundo Dutra (2001), a agregação de valor das pessoas é o que elas acrescentam ao patrimônio intelectual da organização, por meio da criação de uma inteligência competitiva que lhes permita manter suas vantagens no mercado ao longo do tempo. Encontramos aí uma associação direta entre as competências organizacionais e aquelas que são trazidas pelos indivíduos para as organizações em que trabalham, pois são eles que as colocam em prática na busca pela melhoria da produtividade, pelo seu consequente aumento e pela sobrevivência das empresas.

Ao consolidar os conceitos definidos por vários autores, e aliado à nossa experiência com organizações diversas, entendemos, então, que competências podem ser traduzidas como:

Conjunto de conhecimentos, habilidades e atitudes que os colaboradores devem adquirir, desenvolver e aplicar, a fim de que possam contribuir para o alcance dos objetivos estratégicos e organizacionais.

Reparem, portanto, que as competências estão associadas ao famoso conceito do CHA — conhecimentos, habilidades e atitudes. Ao longo do tempo, outras associações também foram aparecendo, com o objetivo de nos fazer melhor entender o que significam de fato as competências, como, por exemplo, a CHAVE, definido como conhecimentos, habilidades, atitudes e valor entregue, e o CHOPP, definido como conhecimentos, habilidades, orientação para resultados, performance e produtividade, conceito esse desenvolvido em conjunto com uma turma de MBA.

Em linha com a definição citada acima e com os acrônimos demonstrados, podemos entender desde já que precisamos determinar ou mapear aquilo que é importante para as empresas, e também que existem grupos diferentes de competências em função dos vários cenários, culturas e atividades organizacionais.

Dentre esses, existe um grupo de competências que precisa ser primeiramente definido, pois se mostra como base para os demais. São elas as competências organizacionais, cujo conceito tivemos a ousadia de agregar alguns elementos adicionais aos já descritos pelos autores citados anteriormente, em função de análises efetuadas em diversas organizações de portes e segmentos diferenciados.

Competências organizacionais

As competências organizacionais retratam exatamente o que é necessário que toda a organização tenha para cumprir com seus direcionadores estratégicos, bem como a torna diferente e peculiar, fazendo com que seus clientes ou públicos-alvo se interessem em mantê-la em suas mentes e processos de compra, no caso do setor privado. Na área pública e no terceiro setor, isso se reflete na imagem da instituição, tornando-a referência de credibilidade na sociedade.

As competências organizacionais se dividem em dois tipos: essenciais e básicas. As competências essenciais são aquelas que caracterizam essa diferença em relação às demais. Como exemplo, temos os processos de distribuição em algumas empresas de logística e a especialização no desenvolvimento de pesquisas, em instituições de ensino.

As competências organizacionais básicas, por sua vez, são aquelas que todos devem possuir. Retratam a identidade da empresa junto aos seus direcionadores estratégicos e, em geral, é feito um investimento financeiro e de tempo da área de gestão de pessoas para que todos os recém-admitidos as possuam ou, as desenvolvam, para que possam manter a organização com o seu diferencial junto ao mercado e à sociedade.

Empresas que se destacam como mais "agressivas" em sua forma de atuação junto à comunidade, em geral, possuem a competência "foco em resultados" como competência organizacional básica. Outras que buscam e prezam a fidelização dos clientes, possivelmente definirão a competência "foco no cliente" como uma competência organizacional básica.

Por outro lado, as competências não são necessariamente as mesmas para todo o quadro de colaboradores das organizações. Existem aquelas que são estabelecidas e especificadas por função, as chamadas competências funcionais. Ambos os grupos de competências — organizacionais e funcionais — são diferenciados e se complementam.

Vamos entender melhor o que são as competências funcionais.

Competências funcionais

As competências funcionais, como o próprio nome indica, se referem aos conhecimentos, habilidades e atitudes que os colaboradores devem apresentar e aplicar, otimizando o seu desempenho nas funções específicas que ocupam.

Estas competências podem ser ainda comportamentais ou técnicas, atualmente mais conhecidas como *soft skills* e *hard skills*, respectivamente.

Como *hard skills,* ou competências técnicas, entendemos aquelas que levam o colaborador a conseguir ter um desempenho apropriado na função que ocupa, ou seja, são aquelas que se o colaborador não tiver aprendido ou vivenciado, dificilmente conseguirá obter êxito no desempenho de suas atividades no cargo/função que ocupa. Essas são mais fáceis de se capacitar o indivíduo, porque existe uma gama variada de cursos e/ou leituras que podem habilitá-lo a atuar bem em seu ambiente de trabalho.

Competências comportamentais ou *soft skills* são aquelas que complementam as técnicas, na medida em que contribuem para uma melhoria do desempenho na função. O grande desafio do profissional de gestão de pessoas está em construir e implantar ações que possam desenvolver as pessoas. Entendendo que essa necessidade deve vir "de dentro para fora", é preciso que haja vontade e predisposição para se fazer uma mudança em termos comportamentais.

Isso nos leva a dizer que é importante a compreensão de que a área precisa atuar de forma integrada entre todos os seus subsistemas, iniciando pela determinação dos macroprocessos existentes na organização ou, melhor ainda, pela existência de um Plano de Cargos que identifique as principais funções e suas respectivas atribuições em cada área de trabalho, pois as competências funcionais devem ter estreita relação com as atividades desenvolvidas em cada cargo/função

Mais adiante, no capítulo 4, na seção referente a Cargos, Carreiras e Remuneração por Competências, serão fornecidas maiores explicações sobre como definir as competências com base nas atribuições dos cargos definidos em cada estrutura.

Exemplos de competências funcionais técnicas podem ser: "matemática financeira", para cargos que façam parte da área de Finanças, ou "técnicas de entrevista de seleção", para colaboradores que atuam em recrutamento e seleção, na área de Gestão de Pessoas.

As competências funcionais comportamentais podem ser exemplificadas por: "foco no cliente", para operadores da área de *call center,* ou "trabalho em equipe", para um auxiliar que trabalha em uma determinada linha na área de produção.

Entretanto, temos ainda as competências transversais, específicas não apenas de uma função em um determinado nível e uma área específica, mas requerida para todos os que atuam em determinada área de trabalho ou todos que atuam em uma determinada função, independente da área de atuação.

"Técnicas de vendas", para os colaboradores da área comercial, e "relacionamento interpessoal", para colaboradores da área de gestão de pessoas exemplificam o primeiro caso. "Liderança" e "tomada de decisão", para todos os gestores, exemplificam o segundo caso.

Mas, o que fazer se o entendimento sobre determinadas competências for diferente entre as áreas de trabalho? Em função disso, cabe esclarecer que o mapeamento das competências de uma empresa pode até ser realizado pela área de gestão de pessoas ou por uma consultoria externa, mas as competências devem ser validadas pelo poder decisório e por representantes das várias áreas de atuação, pois estas são da empresa. Esse mapeamento inclui não só a definição de quais são, como também os respectivos conceitos e indicadores (ou evidências), visando a criação de uma uniformidade de conceitos em todos os níveis e áreas da organização.

Conceitos e indicadores

A definição dos conceitos e dos indicadores para cada competência constitui outro ponto que favorece também a objetividade do processo, pois contribui para o alinhamento das percepções de todos os envolvidos.

O conceito da competência deve traduzir exatamente o que se espera que uma pessoa demonstre quando se define uma competência como necessária ao desempenho da sua função.

Em geral, inicia-se o conceito de uma competência utilizando a expressão: "capacidade para" ou "capacidade de", ou seja, é o que se espera que aquele colaborador seja capaz de realizar e que vai ao encontro dos resultados esperados relativos ao seu desempenho.

Os indicadores de competências costumam ser denominados também por evidências ou comportamentos observáveis. Indicadores de competências são critérios, mensuráveis ou que possam ser ao menos observados, que nos permitem verificar o grau de existência daquela competência.

Os indicadores, quando bem definidos, permitem verificar o quanto cada colaborador demonstra ter adquirido, desenvolvido e aplicado aquela competência, o que torna este modelo algo mais transparente e, consequentemente, mais fácil de ser absorvido e compreendido.

A seguir encontram-se alguns exemplos de competências, com seus respectivos conceitos e indicadores. Lembramos que cada organização é única e que, portanto, os conceitos e indicadores devem ser elaborados especificamente para cada uma. Caso isso não seja feito, corremos o risco de aplicar os processos de gestão de pessoas com base em competências que não caracterizam a realidade, distorcendo e impactando na qualidade dos processos de gestão de pessoas.

Devemos ter o cuidado de verificar se os indicadores são objetivos (mensuráveis ou observáveis). Se você puder ainda perguntar o que quer dizer determinado indicador, significa que ele não está tão objetivo quanto poderia e ainda pode ser desmembrado.

Exemplo de indicador mal elaborado:

Competência: comunicação.

Conceito: capacidade de transmitir mensagens de forma clara e objetiva, visando a mudança de comportamento do interlocutor.

Indicador: transmissão de mensagens claras e objetivas.

O que são mensagens claras e objetivas? O emissor da mensagem pode achar que a mensagem está absolutamente clara, mas o receptor não a entendeu. Pior ainda é quando o interlocutor acha que entendeu a mensagem, mas essa compreensão difere em essência do que o emissor quis transmitir.

Nesses casos, criamos um problema, ao invés de encontrarmos soluções para as nossas organizações. Mas podemos tomar alguns cuidados na hora de definirmos indicadores, tornando-os sempre mensuráveis ou observáveis, tais como apresentados a seguir:

Exemplos:

COMPETÊNCIA	CONCEITO	INDICADORES
Administração do Tempo	Capacidade para organizar suas atividades e administrar o tempo e os recursos disponíveis em prol de objetivos específicos.	• distingue e prioriza o que é importante e urgente. • cumpre as atividades dentro do prazo programado. • organiza suas atividades e administra os recursos disponíveis com eficácia, dentro do tempo previsto para a execução da atividade.
Administração de Conflitos	Capacidade de ouvir opiniões contrárias, identificar pontos comuns, argumentar de forma convincente e administrar conflitos técnicos e relacionais, estimulando a busca de soluções que atendam às expectativas das partes envolvidas.	• concilia conflitos entre pessoas e grupos por meio do diálogo e da transparência na avaliação de fatos. • concilia interesses para a busca de resultados comuns. • é eficaz na resolução de conflitos com os membros da equipe, mantendo o vínculo de confiança entre todos.
Autodesenvolvimento	Capacidade de atuar de forma proativa e motivada no aprimoramento das competências existentes e no desenvolvimento de novas competências, por meio da busca de novos aprendizados e da troca de informações em suas relações profissionais.	• mantém-se atualizado, por iniciativa própria, por meio de leituras, cursos, treinamentos ou troca de experiências. • analisa e avalia fontes confiáveis e busca informações que favoreçam a realização das suas atribuições. • avalia constantemente seu trabalho, visando obter melhorias contínuas em seu desempenho.

Figura 2.1 – Competências — conceitos e indicadores

Reparem que é possível citar fatos ou dados para todos os indicadores apresentados, tornando a compreensão bem mais concreta e objetiva.

Se você observar também, todas as competências apresentadas estão com três indicadores, o que não significa que este é o número que devemos respeitar, mas é um número mínimo desejável. O ideal é manter um mesmo número para todas, principalmente quando formos utilizar o conceito de "peso" na avaliação de desempenho, como será visto no capítulo 5, referente à gestão do desempenho.

Você pode se perguntar também se podemos utilizar um mesmo indicador para mais de uma competência. A resposta será sim, é possível, desde que os demais indicadores sejam diferenciados.

Por fim, temos ainda dois tipos de competências que tornam o modelo ainda mais objetivo e transparente. São as competências requeridas e as competências individuais.

Competências requeridas e competências individuais

Como pôde ser visto, as denominações indicam o que significam essas competências, pois competências requeridas são aquelas requeridas pelas empresas e que compõem o conjunto das competências organizacionais (para todas as áreas, cargos e níveis) e das competências funcionais (específicas por área, cargo e nível).

As competências individuais são aquelas que cada indivíduo adquiriu ou desenvolveu durante a sua vida até o momento, tendo ou não a experiência de aplicação das mesmas. Ou seja, torna-se muito mais fácil e objetiva a verificação de lacunas apresentadas por candidatos ou colaboradores das empresas, além de tornar mais assertivas as decisões sobre seleção, promoção, remanejamento e ações de treinamento que devem ser adotadas pelo quadro de gestores.

Com base no exposto até aqui, podemos concluir que a Gestão por Competências é facilmente observada na gestão das pessoas. Nessa área de atuação, verifica-se a utilização desses fatores em todos os subsistemas praticados, pelo menos nos mais comuns em gestão de pessoas. Utilizando o mesmo mapeamento, ou seja, os perfis de competências, podemos compor a base para o recrutamento e seleção (ou alocação) de pessoas, para cargos, carreiras e remuneração, para tomada de decisões no que se refere à evolução funcional, para gestão de desempenho, visando a identificação de lacunas, e para as ações de treinamento e desenvolvimento e avaliação de seus resultados.

No próximo capítulo, que abordará o primeiro momento em que há o contato empresa-colaborador, ou seja, o momento do ingresso das pessoas nas organizações, trataremos do subsistema mais conhecido como recrutamento e seleção.

3. Recrutamento e Seleção por Competências

O processo de Recrutamento e Seleção nas Organizações vem sofrendo diversas alterações — necessárias — ao longo do tempo, em função da premência de, cada vez mais, se identificarem formas ou modelos que contribuam para a admissão do profissional mais indicado e de mais fácil adaptação à organização para a qual se candidata.

Cabe esclarecer que na área pública não existem processos seletivos com base em competências comportamentais, apenas em competências técnicas, sendo os mesmos caracterizados pelos concursos públicos. Entretanto, diversos órgãos, instituições e empresas estatais utilizam os perfis de competências para uma devida alocação dos candidatos aprovados e, em decorrência disso, poder alcançar uma maior produtividade.

O processo em si não sofre modificações, apenas vale ressaltar que na área pública o recrutamento é realizado por meio da divulgação do concurso público e este é soberano na decisão de contratação de profissionais. Contudo, a alocação segue os mesmos passos do processo seletivo para o setor privado/terceiro setor.

Fases do processo seletivo

O mercado de trabalho, em geral, é constituído pelas vagas de trabalho ou emprego oferecidas, o que propicia maior ou menor disponibilidade de vagas e, consequentemente, oportunidades de emprego.

No entanto, este mercado se mostra representado por organizações de tamanhos, atividades, origem ou regiões diversos, o que faz com que cada uma possua características próprias, exigindo, portanto, profissionais com perfis que se mostrem em conformidade com suas configurações, assim como critérios bem definidos e, preferencialmente, bastante objetivos, que contribuam para uma sinergia entre a linguagem e a atuação do responsável pelo processo técnico de seleção e do respectivo gestor da vaga em aberto. Sendo assim, para se efetuar um processo de recrutamento e seleção que atenda às necessidades da organização, é preciso que se compreenda e se estabeleça, de forma planejada, todas as suas etapas, conforme apresentado a seguir.

Definição do perfil da vaga

O perfil de uma vaga é normalmente composto por dois parâmetros: os requisitos do cargo e o perfil de competências.

Vale ressaltar a diferença entre cargo e função. Uma empresa pode ter um número reduzido de cargos, mas cada cargo ser desmembrado em algumas funções. Um Analista de Recursos Humanos (cargo) pode ocupar uma função de Recrutamento e Seleção, de Cargos, Carreiras e Remuneração ou de Treinamento, por exemplo.

Os requisitos referem-se a tudo aquilo que é imprescindível para um desempenho adequado no desenvolvimento e na execução das atribuições pertinentes, ou seja, não é possível a ocupação do cargo ou da função se o candidato, ou o ocupante, não apresentar tudo o que é imprescindível, como a formação básica, uma determinada formação complementar específica, idiomas etc. De uma maneira geral, é tudo o que é passível de comprovação.

Podemos entender melhor se observarmos a função de médico do trabalho. O ocupante jamais poderá ter qualquer formação que não seja o nível superior completo em Medicina. Acrescido a essa formação, deverá apresentar uma especialização em Medicina do Trabalho.

Um assessor executivo de uma multinacional americana, por exemplo, terá como requisito a língua inglesa, assim como um colaborador da área de Tecnologia da Informação que trabalhe especificamente com determinado sistema, deverá ter a formação mínima neste sistema e/ou a respectiva certificação.

O perfil de competências, por sua vez, consiste nos conhecimentos, nas habilidades e nas atitudes que compõem o conjunto das competências organizacionais e funcionais do cargo relativo à vaga em aberto. Entretanto, caso o candidato não possua uma ou algumas dessas competências que integram o perfil do cargo/função, deverá ser avaliada a possibilidade de que isso seja feito posteriormente à sua admissão, em curto período de tempo, sem comprometer drasticamente seu desempenho nas atividades programadas.

Essas competências costumam ser avaliadas por meio das ferramentas de seleção, tais como testes, instrumentos de perfil, dinâmicas de grupo, entrevistas individuais etc.

Desenvolvimento de fontes de recrutamento

O segundo passo requer a identificação de fontes de recrutamento que possam localizar e atrair candidatos que, ao menos, possuam os requisitos indicados para a ocupação do cargo que se encontra em aberto. Esta etapa pode ser realizada por meio do recrutamento interno, do recrutamento externo ou por ambos.

No recrutamento interno, a organização procura identificar em seu quadro funcional aquele(s) profissional(is) que pode(m) vir a preencher a vaga em aberto, com base nos requisitos e competências do cargo ou da função. Este tipo de recrutamento vem sendo bastante utilizado devido à economia e à agilidade que ele proporciona ao processo, assim como à segurança quanto às informações, na medida em que os candidatos são conhecidos e existem registros sobre seu desempenho e comportamento. Além disso, as pessoas se sentem bem mais motivadas e comprometidas com a organização com possibilidades reais de melhoria e evolução funcional.

Entretanto, muitas vezes não se consegue candidato internamente, ou se percebe a necessidade de uma oxigenação na empresa, levando o departamento de seleção a buscar profissionais no mercado, praticando assim o recrutamento externo.

Dentre as mais conhecidas fontes de recrutamento externo encontram-se:

- cadastros de currículos enviados para o *site* da organização ou para o *e-mail* do setor de seleção

Nestes casos não há custo e o cadastro pode ser constantemente alimentado. É preciso, contudo, que haja disponibilidade para a sua efetivação, de maneira que não ocorra acúmulo de currículos sem uma verificação prévia e posterior análise, gerando possíveis perdas de candidatos que podem ser possuidores de perfis similares aos requeridos pela organização.

- os *sites* de vagas

Estes *sites* podem ter ou não custo para as empresas. É preciso que haja uma avaliação sobre a relação custo/benefício para que se identifique até que ponto a qualidade da lista de candidatos corresponde ao custo de sua utilização, tornando-se uma oportunidade.

- as listas de vagas em aberto

Estas listas normalmente são criadas por profissionais que têm uma ampla rede de relacionamentos, e circulam na internet propiciando a divulgação das vagas e consequente envio de currículos para a organização solicitante. Em geral, não há custo para as empresas nem para os candidatos, mas existe uma forte tendência a um número elevado de envio de currículos, pois as pessoas que se encontram disponíveis no mercado aproveitam a fonte para manter seu cadastro em várias possibilidades.

- os sindicatos, conselhos, associações ou grupos representativos da atividade em questão

Estas fontes também têm sido muito utilizadas na busca por profissionais mais especializados ou com formação e/ou experiência em áreas de atuação mais específicas.

- as instituições de ensino

As escolas técnicas e as instituições de ensino superior costumam ter em suas relações de alunos, muitos interessados em concorrerem para vagas existentes no mercado de trabalho. Sendo assim, a divulgação nessas organizações, além de direcionada para o que precisamos em termos técnicos, costumam ser muito produtivas e trazer pessoas bastante motivadas.

- concursos/área pública

No caso das organizações públicas, os concursos são divulgados por meio de órgãos oficiais e mídias específicas e qualquer cidadão que não apresente as restrições impostas no edital do concurso, pode se candidatar.

Após o uso das fontes de recrutamento mais adequadas à seleção das vagas que se encontram em aberto, passamos para a próxima fase, que é a análise e seleção dos currículos que aparentemente preenchem os requisitos necessários.

Análise de currículos/entrevistas de triagem

Essa fase é inexistente na área pública. No entanto, ao ingressar nessas organizações, será necessária a comprovação de todos os requisitos solicitados por meio do edital do concurso.

Nos demais setores, os currículos recebidos são normalmente triados com base nos requisitos definidos anteriormente. Aqueles que são identificados como possuidores dos requisitos básicos para a ocupação do cargo passam por uma entrevista de triagem, que consiste na verificação/comprovação dos dados que constam nos seus respectivos currículos. Essa triagem normalmente é realizada por meio de uma chamada por celular ou de uma ligação por vídeo.

A partir daí, e embora tudo exposto até então não deixe de caracterizar uma seleção de candidatos, entramos na fase conhecida por processo seletivo.

Realização de processos seletivos

Se o processo de recrutamento verifica a comprovação (ou não) dos requisitos que o candidato deve ter para seguir no processo, o processo de seleção ou alocação consiste em verificar o grau de aquisição e de aplicação prática, relativos às competências que constam no perfil do cargo/função em aberto, que cada candidato apresenta.

No modelo convencional, o perfil da vaga é identificado ou revisto a cada vez que a mesma se encontra em aberto. Em geral, é feito pelo profissional de Gestão de Pessoas junto ao gestor da posição em aberto, ou seja, muitas vezes existem diferenças de um processo para outro referente à mesma vaga, em função do pensamento e do desejo do gestor no momento e do conhecimento do RH sobre o cargo em questão.

Independentemente do modelo, para que isso ocorra, recomenda-se o emprego de alguns instrumentos para a seleção, conforme apresentado a seguir.

Testes

Os principais testes adotados nos processos seletivos podem ser classificados em testes psicológicos, testes de conhecimentos teóricos ou práticos, testes situacionais e instrumentos de perfil. Se os primeiros só podem ser avaliados por Psicólogos, os demais podem ser verificados pelo RH, pelo gestor da vaga ou pelo responsável por sua criação e validação. Lembre-se que qualquer instrumento usado deve servir de subsídio para a decisão quanto ao processo e não como decisor final.

Os testes psicológicos, ainda bastante empregados nos processos seletivos, devem, primeiramente, passar por um processo de averiguação junto ao Conselho Federal de Psicologia (CFP) para verificar sua possibilidade de utilização, pois alguns não foram aprovados após passar por uma investigação técnica mais criteriosa e rigorosa.

Além disso, no modelo das competências é imprescindível avaliar sua adequação para a averiguação daquelas relacionadas à vaga em aberto. Não adianta aplicar testes psicológicos excelentes para os fins propostos, mas que não se ajustam às necessidades de verificação que a organização empregadora necessita no momento.

Atualmente, os testes mais utilizados são os chamados instrumentos de perfil. Esses costumam indicar o grau de adesão a determinadas competências, o que facilita a tomada de decisão em relação ao candidato, pode contribuir para o rumo de uma entrevista individual ou até mesmo de uma dinâmica de grupo.

Nesses casos, aquele perfil indicado pelo instrumento será avaliado na entrevista ou na dinâmica, visando confirmar a apresentação da competência pelo candidato em sua história de vida ou demonstrar a inverdade do resultado.

Embora os testes práticos, técnicos ou, ainda, de conhecimento continuem a ser utilizados, referem-se mais diretamente à verificação do grau de aquisição das competências técnicas pelo candidato ao longo de sua vida acadêmica e/ou profissional, sendo orientada sua utilização exclusivamente para este fim.

Entrevistas de seleção/alocação

As entrevistas de seleção são contatos, geralmente individuais, mantidos com cada candidato e que procuram, por meio de técnicas de indagação, identificar as competências necessárias às vagas em aberto, com base na história de vida relatada. Em geral são verificadas informações sobre a experiência profissional, a área escolar, a vida social, a estrutura familiar e alguns aspectos pessoais importantes no contexto do cargo.

No âmbito profissional, não basta checar as informações descritas no currículo do candidato. É preciso ir além e entender os porquês de determinados acontecimentos, bem como as relações envolvidas em toda a história vivenciada. A escolha e os investimentos feitos na área de formação reforçam ou não os relatos sobre a história profissional e o quanto essas experiências, profissional e de formação, estão em acordo com a cultura da organização e as características da vaga e da equipe de trabalho para a qual se candidata.

As áreas social e familiar nos permitem verificar experiências de voluntariado, atividades de lazer, envolvimento da família em todas as atividades e tempo livre e o quanto isso é coerente e consistente com o discurso durante a entrevista. Ainda é importante verificar como esse candidato se portou diante de experiências diferentes de sua realidade ou sua rotina.

Por fim, a área pessoal se mostra relevante na medida em que podemos analisar a autopercepção do candidato, sua motivação e algumas características que vão na direção ou se afastam dos requisitos e das características requeridos pela organização.

As entrevistas por competências, tão utilizadas atualmente, não são muito diferentes e também procuram aprofundar essas áreas. Entretanto, seguem um roteiro em que o candidato é solicitado a comentar sobre sua experiência passada e quais os resultados obtidos através de suas ações, sendo esses dados trabalhados como preditores de ações futuras e comparados às necessidades do cargo, indicando a possibilidade de adaptação de cada candidato.

Muito se fala no C.A.R. (contexto, ação, resultado). Isto significa que não basta fazer uma pergunta no passado e considerar qualquer resposta do candidato. A resposta dada deve contemplar a ação realizada pelo candidato, em que contexto essa ação foi executada e que resultados ele obteve com a ação.

Embora pareça algo óbvio, imagine que uma ação de venda de mil equipamentos num cenário de baixa inflação e com o consumo incentivado, pode ser bastante inferior a uma venda de cem equipamentos iguais em um cenário de recessão.

Portanto, verificar o que foi feito, em que condições e comparar o resultado nessas condições apresentadas faz a diferença para avaliação e análise das competências apresentadas pelas pessoas entrevistadas em uma seleção de pessoal.

As perguntas, ainda, conforme citado, devem ser feitas no passado, utilizando-se o verbo no pretérito perfeito, ou seja:

— Que resultados você alcançou ao implantar esse modelo de gestão na empresa em que você trabalha atualmente?

Ou

— Qual era sua participação nos trabalhos que precisavam ser desenvolvidos em conjunto com sua área de atuação? Relate uma das experiências vivenciadas.

Se os verbos das perguntas de uma entrevista de seleção forem utilizados no futuro do pretérito, ou seja:

— O que você faria se surgisse uma crise econômica que afetasse o segmento em que você atua?

Certamente a resposta seria condizente com o pensamento que o candidato entende ser a melhor resposta a ser fornecida. Não que ele não tenha a intenção de agir da maneira relatada, mas não necessariamente ele agirá dessa forma, pois pode não ter passado ainda por essa circunstância.

Visando, portanto, uma melhor condução e avaliação das informações obtidas por meio de uma entrevista de seleção, torna-se indispensável a construção de um roteiro de perguntas que irá facilitar a atuação não só do profissional responsável pelo processo seletivo na área de Gestão de Pessoas, como também, e principalmente, do gestor da área requisitante.

O grande objetivo deste roteiro é fazer com que a entrevista alcance a sua principal finalidade, que é a de verificar as competências do candidato, comparativamente às competências requeridas pela empresa. Desse modo, estabelecer uma uniformidade de compreensão entre as pessoas envolvidas no processo de entrevista — entrevistadores de seleção e gestores da vaga — é essencial nesse processo.

O roteiro das perguntas servirá de base para todos os entrevistadores, mas cada um deverá seguir seu estilo de atuação, o que causará a diferença na forma da entrevista, embora seu conteúdo permaneça o mesmo.

Para finalizar, é importante conhecer um pouco sobre as técnicas de indagação. Essas técnicas podem e devem ser utilizadas em qualquer tipo de entrevista, porém na entrevista por competências elas parecem ter uma relevância um pouco maior, porque ajudam o entrevistador a entender e melhor conduzir o comportamento esperado dos candidatos.

Em geral, existem quatro técnicas que podemos utilizar para se elaborar e conduzir questões durante uma entrevista. Dependendo do modo como consolidamos as perguntas, podemos obter respostas mais fidedignas e confiáveis, sem que o candidato sinta algum tipo de desconforto.

- As perguntas fechadas são objetivas e suas possibilidades de respostas normalmente se restringem a "sim" ou "não" ou alguma resposta que não pode ser diferente, dependendo da situação. São utilizadas para identificação de fatos ou informações pontuais e, no caso de candidatos prolixos, devem ser intensificadas. Exemplo: "Por quanto tempo você trabalhou nessa empresa?"

- As perguntas abertas conduzem o candidato a emitir um parecer sobre o tema que queremos tratar. Saber sua opinião sobre algo relevante exemplifica esse tipo de pergunta, podendo ser bastante usada quando encontramos candidatos tímidos ou que se mostram tímidos em função da situação de entrevista. Exemplo: "Me conte um pouco sobre a sua experiência na última empresa em que você trabalhou."
- As perguntas reflexivas são aquelas que devolvem para o candidato algum ponto crucial de seu relato, demonstrando que o entrevistador ainda não se encontra satisfeito com o nível de dados obtidos até então. Exemplo: "O que você achou dessa experiência na última empresa em que trabalhou?" E o candidato responde: "Muito boa". Nesse momento, o entrevistador devolve a resposta em forma de pergunta, utilizando a palavra principal de sua resposta: "Boa?" Normalmente o candidato entende que precisa complementar sua resposta, pois a mesma ainda não foi satisfatória para o entrevistador.
- Finalmente, temos as perguntas conclusivas. Esta é formatada como um "teste de entendimento" sobre o que o candidato quis esclarecer, concluindo um parecer sobre o assunto. Exemplo: Após uma explicação do candidato sobre algum ponto importante, o entrevistador resume o que entendeu e testa sua compreensão. "Então o que você quis dizer foi...".

A indagação sobre essas áreas e o uso das técnicas de indagação, independente do modelo de entrevista, não precisam ser seguidos à risca, mas, se bem utilizadas, contribuem e muito para um parecer mais completo e apropriado sobre o candidato. O importante é conseguir obter informações que consolidem um parecer sobre o que é necessário observar na história de vida e no comportamento do candidato e que este parecer possa ratificar ou não a presença das competências requeridas pela empresa no perfil do candidato.

Dinâmicas de Grupo

As dinâmicas de grupo permitem ao selecionador a observação de características ou competências dos candidatos por meio de uma verificação presencial com base em casos reais ou fictícios ou em exercícios que exijam atuação conjunta. Geralmente envolve uma entrevista coletiva, quando os candidatos expõem suas histórias de vida, principalmente no que se refere ao âmbito profissional, e alguns exercícios em grupo, visando a percepção *in loco* dos comportamentos observáveis, sendo estes comparáveis aos exigidos pelo cargo em aberto. Importante ressaltar que o uso de exercícios/jogos que não condizem com as competências que devem ser avaliadas pode confundir o entrevistador na elaboração do seu parecer e da sua recomendação sobre o candidato. Embora existam alguns exercícios já prontos e sugeridos por tema em livros ou na internet, o ideal é desenvolver casos ou situações que costumam representar a própria empresa.

Elaboração do parecer

O parecer final é a consolidação dos dados e das informações coletados durante todo o processo. Este parecer, em primeira instância, é elaborado pelo profissional de seleção e encaminhado para o gestor requisitante para que ele possa tomar uma decisão mais coerente e consistente, após a realização da entrevista na área de trabalho.

Uma escala de avaliação também se torna necessária. As tabelas de avaliação, com base nas tabelas apresentadas no livro *Recrutamento e Seleção por Competências* (CARVALHO et al., 2008), podem servir de modelo à avaliação e pontuação das competências em processos seletivos.

Exemplo:

APRESENTAÇÃO DA COMPETÊNCIA	GRAU
O candidato não apresenta a competência necessária para um bom desempenho na função.	1
O candidato apresenta a competência em grau inferior ao exigido para o desempenho da função, podendo ainda desenvolvê-la.	2
O candidato apresenta a competência em grau suficiente para o desempenho da função.	3
O candidato revela possuir a competência em grau máximo, demonstrando conhecimento e familiaridade na apresentação da mesma.	4

Figura 3.1 – Escala de avaliação para Seleção por Competências

Para se obter o resultado por competências, por candidato, basta somar as pontuações obtidas individualmente ou calcular a média aritmética em função do número de competências, gerando o resultado quantitativo de cada integrante do grupo avaliado.

A análise individual dos resultados permitirá também uma avaliação qualitativa, comparativamente ao exigido pela empresa/área responsável pela vaga, pois se poderá observar os destaques em relação a cada competência que compõe o perfil do cargo/função.

Concluindo este capítulo, vem se percebendo que os processos seletivos realizados com base nos perfis de competências dos cargos em aberto, apontam, em médio prazo, não só para uma adaptação mais rápida dos recém-admitidos, como também para uma menor necessidade de investimento em ações de treinamento, além de uma redução do *turnover* das organizações.

Mais adiante, será observado que essa escala de avaliação poderá ser utilizada também no instrumento desenvolvido para a avaliação de desempenho, trocando apenas o papel do sujeito avaliado (de candidato para colaborador), ou que se pode desenvolver algo similar, mas que converse com essa escala. Agora, vamos verificar, também, como se processa o uso das competências em outro subsistema de gestão de pessoas: Cargos, Carreiras e Remuneração.

4. Cargos, Carreiras e Remuneração por Competências

A área de Cargos, Carreiras e Remuneração possui como principal objetivo analisar e propor uma estrutura para a organização, de maneira que esta possa atuar eficazmente e atingir suas metas de maneira funcional e produtiva.

Considerando-se que as organizações, sejam elas públicas, do setor privado, do terceiro setor, de qualquer porte ou ramo de atividade, nada mais são do que pessoas estruturadas de alguma forma que gere produtividade, é preciso que estas pessoas, para efetivamente entregarem os resultados esperados, tenham sob sua responsabilidade, no mínimo, atividades compatíveis com suas qualificações e uma remuneração condizente com a complexidade de suas funções.

Para que as organizações atendam a essas condições, é importante que se defina que áreas de atuação se mostram indispensáveis ao seu funcionamento, qual a melhor estrutura de atuação em cada uma destas áreas, que cargos e com que pesos suportam esta estrutura e qual a forma de remuneração adequada, entendendo-se aí não só os salários, mas também os benefícios, investimento em capacitação etc.

Atualmente, as empresas vêm adotando, em sua maioria, a filosofia do cargo amplo, o que significa que os conteúdos das descrições se apresentam de maneira mais genérica, trazendo maiores possibilidades de mudança de área ou de atividade com menor burocracia e maiores chances de desenvolvimento.

Se até então ainda encontramos algumas organizações baseando seus planos de salários no peso dos cargos, já identificamos outras trabalhando o crescimento funcional com base na evolução das competências de seus profissionais, o que muda radicalmente a forma de encarar as perspectivas de carreira.

Independentemente do modelo, este subsistema de gestão de pessoas abrange as etapas apresentadas a seguir:

Análise da estrutura organizacional

A estrutura das organizações, durante anos, obedeceu a um modelo verticalizado, onde os cargos se dispõem em um desenho denominado organograma e existem linhas de subordinação ou atuação paralela entre eles.

Nesse modelo, encontramos cargos de gestão no topo do organograma, considerados estratégicos para a organização, cargos que pressupõem uma atuação tática e que ainda caracterizam função de gestão ou nível de senioridade, no meio do organograma, e cargos operacionais em sua base. Esses, em geral, são estruturados por área de atuação.

Há algum tempo, contudo, vem se percebendo que essa estrutura nem sempre atende às necessidades das empresas, pois a interrelação entre as áreas e a contribuição dos ocupantes dos cargos nem sempre equivale a algo previamente determinado e que não pode ser alterado.

O modelo *squad*, que configura a atuação de pequenos grupos formados não pelos setores, mas de maneira multifuncional, com objetivos comuns, vem sendo utilizado com sucesso, pois a autonomia atribuída aos grupos traz maior agilidade ao processo, dentre outras vantagens. Entretanto, essa divisão nem sempre ocorre de maneira formal, pois os cargos muitas vezes continuam respeitando a sua posição e hierarquia dentro da organização.

Sendo assim, a utilização do cargo amplo e do modelo de remuneração por competências vem tomando força, porque permite não só a movimentação mais ágil e baseada nas reais necessidades da organização, como também consegue recompensar os colaboradores conforme o seu nível de contribuição, em conformidade aos objetivos estratégicos predeterminados.

Elaboração do plano de cargos

Nesta etapa, são analisadas e descritas as atividades que fazem a organização funcionar. Estas podem ser definidas no formato de cargo restrito — quando as atividades são detalhadas e específicas de uma determinada área de atuação —, ou no formato de cargo amplo — quando as atividades são mais genéricas e não entram em especificidades da função, normalmente contemplando várias áreas de atuação.

Quando os cargos são restritos, é necessária a utilização de um sistema que avalie o nível de responsabilidade e complexidade de cada cargo, de forma a classificá-los em uma estrutura hierárquica, para poder remunerá-los de acordo com seu peso e tamanho.

Para os cargos amplos, a própria carreira (Jr, Pleno e Sênior ou I, II, ...), com seus critérios de desenvolvimento, faz com que a evolução do profissional se baseie no seu crescimento e não no acréscimo de atribuições ao cargo que ocupa. Este é o modelo usado quando se trabalha com gestão de pessoas por competências.

Uma descrição de cargo normalmente é extraída do que se faz nas empresas, caracterizando um grande erro, pois não se pode repetir atividades realizadas no passado se as mesmas não são mais relevantes. Portanto, o ideal é que se saiba o que todos fazem, justamente para que se possa checar superposições ou atividades em duplicidade.

Isso pode ser feito por meio de um questionário simples, com perguntas sobre o que é feito e para quem é entregue, de forma que se consiga avaliar a real necessidade dessa entrega. Após essa análise, pode-se compreender a estrutura e elaborar as descrições, entendendo que o modelo do cargo amplo pressupõe uma missão e atribuições essenciais, além dos processos de trabalho em que pode atuar.

Embora a descrição seja a mesma para os diversos níveis de assistente, analista ou outros cargos necessários, os requisitos (citados no subsistema de recrutamento e seleção) possuem critérios de exigência diferenciados por nível, assim como um perfil de competências mais complexo cada vez que o nível aumenta, como poderá ser compreendido por meio do exemplo apresentado adiante.

Isso evita o desvio de função e, consequentemente, ações trabalhistas e autuações, como também amplia as chances de desenvolvimento do profissional, que passa a poder atuar em diversas atividades, de várias complexidades.

A seguir, pode ser visto como desenvolver uma descrição de cargos no modelo do cargo amplo e da gestão de pessoas por competências. Reparem que se a descrição é ampla e genérica, o título do cargo deve acompanhar essa configuração.

Exemplo:

Analista de Suporte à Gestão

Missão do Cargo:

Prestar suporte específico em sua área de trabalho, por meio da realização de análises, planejamento, execução e controle das atividades e processos relacionados ao seu campo de atuação, visando contribuir para o alcance dos objetivos determinados para a sua área de trabalho e os objetivos de negócio da organização.

Atribuições Essenciais:

- Identificar necessidades de serviços e análises sobre os assuntos pertinentes à sua área de conhecimento.
- Efetuar análises críticas, pareceres e relatórios sobre temas relativos à sua área de atuação.
- Preparar, avaliar e atualizar documentos técnicos e administrativos referentes à sua área de atuação.
- Avaliar a necessidade e solicitar recursos materiais, documentos, ferramentas de trabalho e/ou equipamentos essenciais à execução de suas atividades.

- Prestar suporte técnico a clientes, fornecedores e parceiros dentro de seu âmbito de atuação.

Essa descrição de Analista de Suporte à Gestão pode ter como processos todas as áreas consideradas como suporte à operação principal da organização. Dentre elas, temos como exemplo:

Gestão de Pessoas

➢ Elaboração e implementação das políticas, procedimentos, programas e ações de atração, desenvolvimento e retenção de pessoas.

Finanças

➢ Elaboração, acompanhamento de informações econômico-financeiras e implementação de programas e ações de planejamento, investimento e operações financeiras da empresa.

Jurídico

➢ Atualização e implementação de normas e procedimentos a partir da análise de leis e prestação de assessoria jurídica à empresa.

Como requisitos, podemos ter como exemplo:

Analista Jr. (ou I)

Formação: Cursando nível superior.

Atuação na área: Desejável 02 (dois) anos em atividades similares ou mínimo de 01 (um) ano como Assistente IV na empresa.

Formação complementar desejável: Pacote Office.

Analista Pleno (ou II)

Formação: Nível superior completo.

Atuação na área: Desejável 03 (três) anos em atividades similares ou mínimo de 01 (um) ano como Analista Jr. (ou I) na empresa.

Formação complementar desejável: Pacote Office.

Analista Senior (ou III)

Formação: nível superior completo. Desejável especialização na área de atuação.

Atuação na área: Desejável 04 (quatro) anos em atividades similares ou mínimo de 01 (um) ano como Analista Pleno (ou II) na empresa.

Formação complementar desejável: Pacote Office e cursos voltados para a sua área de atuação.

Reparem que atualmente, de acordo com a Lei No 11.644, não podemos exigir dos candidatos experiência superior a 6 meses, mas é importante que tenhamos uma ideia de sua atuação na área, até para podermos saber o quanto teremos que investir em treinamento prático para os colaboradores que ocupam esse cargo.

As palavras "desejável" e "preferencialmente" também nos ajudam a não discriminar candidatos ou colaboradores que ainda não tenham aquele requisito, mas possuem outros que possam compensar a sua ausência.

Quando temos as descrições dos cargos elaboradas, chega a hora de partirmos para o mapeamento das competências. Reparem que a grande diferença do modelo da remuneração por competências para o modelo da remuneração em função do peso do cargo é que no primeiro a valorização está na contribuição do profissional, enquanto no segundo os colaboradores só evoluem funcionalmente se assumirem atividades mais complexas.

Mapeamento dos perfis de competências

Quando a organização adotou o modelo de Gestão de Pessoas por Competências, após a elaboração das descrições dos cargos, consegue-se mapear o perfil de competências de cada um destes cargos/níveis. Lembramos que este perfil se configura não só pelas competências organizacionais, comuns a todas as funções, mas também pelas competências funcionais, técnicas e comportamentais, específicas por cargo e nível.

São essas competências — adquiridas, desenvolvidas e aplicadas pelos colaboradores das organizações — que fazem com que eles evoluam na carreira a qual pertencem. Como exemplo, temos um mapa de competências construído para uma organização fictícia, que demonstra a trilha de carreira de um eixo de Suporte e suas respectivas necessidades de desenvolvimento, aprendizado e entrega de competências.

Exemplo de Mapa de Competências:

Competências/Cargos		Auxiliar I	Auxiliar II	Assistente I	Assistente II
Organizacionais	Trabalho em Equipe	x	x	x	x
	Foco no Cliente	x	x	x	x
Funcionais	Aplicação de Recursos	x	x		
	Atenção Concentrada		x	x	x
	Atendimento ao Cliente			x	x
	Comunicação			x	x
	Foco na Qualidade				x
	Organização			x	x
	Visão de Conjunto				x
Total de Competências		3	4	6	8

Figura 4.1 – Mapa de Competências

Ressaltamos que, nesse quadro, cada cargo superior ao anterior, em termos de estrutura, vai ganhando um maior número de competências. Não necessariamente precisamos utilizar esse modelo. Podemos também mapear as mesmas competências com pesos diferentes ou usar as duas possibilidades: um aumento do número de competências, e pesos diferentes quando as competências se repetem.

Nesses dois casos, costuma aumentar a possibilidade de equívocos, pois estamos tratando de redigir conceitos e/ou indicadores diferentes para a mesma competência, podendo causar dúvidas nos gestores, selecionadores e colaboradores ao utilizá-los.

Por fim, é preciso tratar do "calcanhar de Aquiles" desse subsistema, que é o aspecto da remuneração.

Definição do plano de remuneração

Atualmente, em função da necessidade de melhor se administrar a verba pública e da competitividade existente no setor privado, os Planos de Salários se transformaram em Planos de Remuneração. Nestes, além do salário fixo destinado ao pagamento do trabalho realizado em cada cargo, são acrescidos os benefícios e os critérios de remuneração variável, caracterizados não só por comissões e prêmios, como também pelos programas de participação nos lucros ou resultados e os prêmios por produtividade. Estes dois últimos se mostram bastante interessantes, na medida em que só acontecem se a organização atingir suas metas ou quando existe uma superação que contribui para o crescimento da empresa, não gerando, portanto, nenhum tipo de gasto extra para a empresa.

Por outro lado, a pesquisa salarial e de práticas de gestão de pessoas realizada em organizações similares (mesmo porte, faturamento, ramo de atividade etc.) mostra-se, ainda, bastante eficaz quando se trata de remunerar os profissionais em linha com o mercado, conseguindo auxiliar na retenção daqueles que despontam como talentos ou já provaram o seu valor na empresa.

Mas, como construir um Plano de Salários na prática? Existem duas formas que podemos utilizar para essa construção. A primeira delas, que é o modelo mais convencional, se baseia em dados de pesquisa salarial de mercado, onde identificamos as medianas de cada cargo e nível, conforme a pesquisa, e atribuímos cada um desses valores aos pontos médios das faixas salariais do Plano de Salários das empresas. Após isso, calcula-se 80% e 120% desse valor do ponto médio e definimos a faixa salarial para aquele cargo/nível ou grupos de cargos similares.

Exemplo:

Cargo	Mediana	80%	120%	Faixa salarial
Analista Jr.	2.000	1.600	2.400	1600 (LI)----2000(PM)----2400(LS)
Analista Pl.	3.000	2.400	3.600	2400 (LI)----3000(PM)----3600(LS)
Analista Sr.	4.000	3.200	4.800	3200 (LI)----4000(PM)----4800(LS)

Figura 4.2 - Modelo de Tabela Salarial (modelo convencional)

* Os números são absolutamente fictícios
* O cargo de Analista pode ser para qualquer área nesse exemplo fictício
* LI – Limite Inferior da faixa salarial
* PM – Ponto Médio da faixa salarial
* LS – Limite Superior da faixa salarial

Lembramos que a mediana é uma medida de tendência central usada na estatística e que representa o valor que divide os salários apurados no mercado em dois grupos: 50% dos salários estão abaixo desse valor e 50% dos salários de mercado estão acima desse valor. Em função disso, as empresas determinam que esse valor deve ser o ponto médio da faixa salarial correspondente ao cargo pesquisado. O Limite Inferior (LI) da faixa costuma seguir a regra de ser 80% desse valor e o Limite Superior (LS) também segue a regra de ser 120% desse valor da mediana de mercado.

Reparem que, nesse modelo, as faixas não seguem uma evolução coerente e consistente. Enquanto o limite superior da primeira faixa (Analista Jr.) é igual ao limite inferior da faixa seguinte, o limite superior da segunda faixa é superior ao limite inferior da terceira, provocando o que se chama de sobreposição de salários e, em apenas uma faixa, diferente da anterior.

Esse tipo de situação pode provocar questionamentos e até mesmo desmotivações, pois fica difícil explicar por que alguém que está em um cargo menor que o seu, considerando a estrutura proposta, tem um salário superior, ou seja, é complicado para o entendimento do colaborador e para o gestor ou a área de Gestão de Pessoas conseguir explicar isso para as equipes.

Em contrapartida, o estabelecimento de um Plano de Salários por Competências segue uma outra forma de construção dos salários. Embora também seja completamente válida a realização de uma pesquisa salarial, esta não é analisada com base em níveis/cargos específicos. Por exemplo, não se pesquisa o salário de um Analista de RH Jr., e sim dos Analistas de RH.

Isso se deve ao fato de que as empresas podem ter critérios mais rígidos ou mais flexíveis para evolução nas faixas salariais ou, ainda, podem ter pessoas muito antigas nos cargos/níveis ou que acabaram de assumir as posições, o que vai interferir nos resultados. Sendo assim, deve-se fazer um levantamento dos salários dos Analistas de RH e criar quantas faixas a empresa entende que deve ter para aquela função, o que não necessariamente significa que tenham que ser três níveis (Jr, Pleno e Sr.). Podemos precisar de apenas dois níveis ou de até quatro, cinco etc., o que nos causaria dificuldades em estabelecer as faixas, caso o mercado apresente apenas três.

Nesse caso, observa-se o 1º decil desses cargos, que significa o salário que identifica que abaixo desse valor temos 10% dos salários dos ocupantes no mercado e, além disso, observamos o 9º decil, representando o valor que identifica que existem 10% de salários acima desse valor.

De posse desses valores, podemos usá-los como referência para o valor do Limite Inferior da faixa do primeiro nível de Analista e como o valor do Limite Superior da faixa referente ao último nível do cargo de Analista, e calcular de forma consistente as respectivas faixas salariais, de acordo com o número de níveis.

Exemplo:

Cargos	Faixas		
Analista I	3.915	4.309	4.743
Analista II	5.221	5.746	6.325
Analista III	6.962	7.663	8.435

Figura 4.3 – Modelo de Tabela Salarial (modelo por competências)

Reparem que estes valores podem se referir ao Limite Inferior, ao Ponto Médio e ao Limite Superior das faixas salariais, como também podem ser *steps* dentro de uma faixa, que nada mais são que possibilidades de salários dentro de uma mesma faixa. Ao invés de termos uma faixa livre, correspondente a um determinado cargo/nível, temos uma faixa com três possibilidades de salário. Nesse caso, temos um internível aproximado de 10% entre um salário e outro. Poderíamos ter uma diferença de 6%, por exemplo, e aí teríamos um número maior de possibilidades, se mantivermos os valores como inicial e final da faixa.

O mais importante nesse caso se refere à configuração das carreiras, que não se baseia na complexidade das atribuições e sim no desenvolvimento e entrega dos ocupantes dos cargos. Portanto, não há a necessidade de se ter o salário exatamente pelo valor relativo do cargo.

Cabe aqui uma ressalva referente às faixas salariais. Segundo a CLT, em seu artigo 461: "sendo idêntica a função, a todo trabalho de igual valor prestado ao mesmo empregador, na mesma localidade, corresponderá igual salário, sem distinção de sexo, nacionalidade ou idade" (BRASIL, 1943).

Após a Reforma Trabalhista, em 2017, o texto foi alterado para "sendo idêntica a função, a todo trabalho de igual valor prestado ao mesmo empregador, no mesmo estabelecimento empresarial, corresponderá igual salário, sem distinção de sexo, etnia, nacionalidade ou idade".

A segunda modificação, para que não haja equiparação salarial, refere-se à exigência de se apresentar uma diferença de tempo na empresa de quatro anos, mantendo-se a necessidade de se ter mais de dois anos de diferença referente ao tempo na função entre os envolvidos.

Ou seja, não se encaixando nessas condições, as empresas não poderão trabalhar com diferenças salariais. No entanto, por jurisprudências, caso a organização adote modelos de avaliação de desempenho que justifiquem a diferença de performance, isso poderá ocorrer. Logo, a não ser que a empresa tenha em seus processos de gestão de pessoas um que avalie a diferença de desempenho entre ocupantes de mesma função, não se poderá trabalhar no modelo das faixas salariais, como estamos acostumados a observar.

Cabe lembrar ainda que uma pesquisa de mercado não envolve apenas o salário base do colaborador, mas aquilo a que fará jus, seja em função de sua atuação ou das características do seu cargo. Afinal, benefícios, por exemplo, são considerados salários indiretos, assim como os programas de bônus, participação nos resultados e outros similares.

Outro ponto relevante refere-se ao número de salários efetivamente pagos anualmente ou datas diferentes de reajuste que, dependendo da inflação do período, podem impactar na análise dos salários.

Concluindo, não se deve esquecer que um Plano de Cargos e Salários, no modelo convencional, precisa ser periodicamente revisto, de maneira a se fazer os ajustes necessários. Isso pode implicar em elaborar novas descrições, fazer novamente pesquisas de mercado ou até mesmo na elaboração de um novo Plano de Cargos e Salários, com configurações diferentes das originais.

Uma função mal recompensada, envolvendo salário, benefícios, prêmios, programas de participação de resultados etc., torna-se fonte de demissões voluntárias e gera impactos na produtividade, na satisfação e na qualidade pessoal e profissional de todos os envolvidos.

Entretanto, no modelo da remuneração por competências, cai consideravelmente a necessidade de revisão das descrições dos cargos, na medida em que são elaborados de forma mais ampla, como também a preocupação em rever o peso dos cargos, pois o peso que importa é o do ocupante.

E já que o processo de avaliação de desempenho foi citado neste capítulo, vamos entender como o mesmo funciona, principalmente qual a sua relevância no modelo das competências.

5. Avaliação de Desempenho por Competências

Embora não seja exatamente um subsistema de recursos humanos, a avaliação de desempenho merece papel de destaque quando tratamos dos aspectos relativos à gestão de pessoas.

O processo de avaliação de desempenho, independentemente do modelo, consiste na verificação periódica do desempenho apresentado pelos colaboradores de uma empresa em seus respectivos cargos. Quando criado, este processo possuía como principal objetivo o desenvolvimento dos profissionais das organizações, entendendo-se que este poderia ser alcançado por meio do *feedback* fornecido pelos respectivos gestores, de forma a que se conseguisse identificar os pontos fortes e as áreas passíveis de melhoria, eliminando ou reduzindo as lacunas existentes entre o que a empresa esperava e o que o subordinado conseguia produzir.

Infelizmente nem sempre se consegue esse objetivo, mas, se queremos que se apresentem resultados efetivos, é necessário que se atente para alguns pontos quando esse processo é implantado nas organizações, de forma que promova:

- A identificação das lacunas entre o desempenho esperado e aquele efetivamente alcançado na execução das atribuições, visando levantar informações para a elaboração de planos de ação, em conformidade com as reais necessidades de cada colaborador;
- A compreensão da própria atuação por parte dos colaboradores e a visualização das competências que podem ser adquiridas e aplicadas;
- O aumento da produtividade dos colaboradores, com base na compreensão exata de suas responsabilidades e no conhecimento de seus pontos de melhoria, identificados como competências técnicas ou comportamentais que se pode adquirir ou desenvolver e aplicar;
- A melhoria da comunicação e, consequentemente, das relações entre chefias e subordinados, com base na transparência e na busca pela evolução da maturidade funcional de cada colaborador e seus gestores;
- O fornecimento de subsídios para evolução funcional, seja por meio do apontamento de melhorias, pela identificação da elegibilidade do colaborador para obter uma progressão funcional ou pela verificação do crescimento do profissional, caracterizando a necessidade de uma promoção, de modo a evitar possíveis solicitações de desligamento, o que acarretaria problemas na retenção dos talentos.

No contexto atual, portanto, percebe-se a necessidade de inclusão de critérios que permitam uma identificação do desempenho do colaborador de acordo com as expectativas da organização, visando estabelecer ações a serem efetuadas relativamente aos seus conhecimentos, às suas habilidades e às suas atitudes que possam intervir no aumento efetivo de sua produtividade e no grau de satisfação no trabalho.

O Sistema de Avaliação de Desempenho por Competências traz uma resposta a essa necessidade, pois, com base nos direcionadores estratégicos que representam as organizações (competências organizacionais) e nas áreas de atuação existentes definidas pela estrutura organizacional e pelo Plano de Cargos, Carreiras e Salários (PCCS) (competências funcionais), nos direciona para o que é esperado de cada colaborador para que o mesmo, assim como a empresa, possam alcançar os objetivos estabelecidos.

A definição deste processo de avaliação de desempenho normalmente abrange algumas etapas, comuns a qualquer modelo adotado.

A primeira etapa envolve a definição dos critérios de avaliação com base na cultura da organização. Caso se tenha implantado o modelo de Gestão de Pessoas por Competências, estas deverão constituir, ao menos, um dos critérios.

É muito comum se verificar nas empresas uma avaliação única para todos os colaboradores, ou seja, todo o quadro funcional é avaliado pelas mesmas características ou competências. Algumas fazem um acréscimo quando se trata de casos de gestão, que também são avaliados de forma única.

No modelo de Gestão por Competências, certamente teremos as competências como, pelo menos, um dos critérios utilizados. Se utilizarmos apenas as competências, ao final haverá um *ranking* de avaliações, onde conseguiremos identificar os "melhores" colaboradores da organização e aqueles que provavelmente não estão atingindo uma entrega que seja produtiva.

No caso de se querer visualizar o desempenho de nossa empresa de uma maneira mais efetiva, podemos usar uma matriz, como a conhecida "*Nine Box*", ou uma Matriz de Referência, baseada em um gráfico, onde a ordenada, ou eixo vertical, representa uma escala relativa a um determinado critério (competências, por exemplo) e a abscissa, ou eixo horizontal, representa um outro critério de avaliação (resultados, por exemplo).

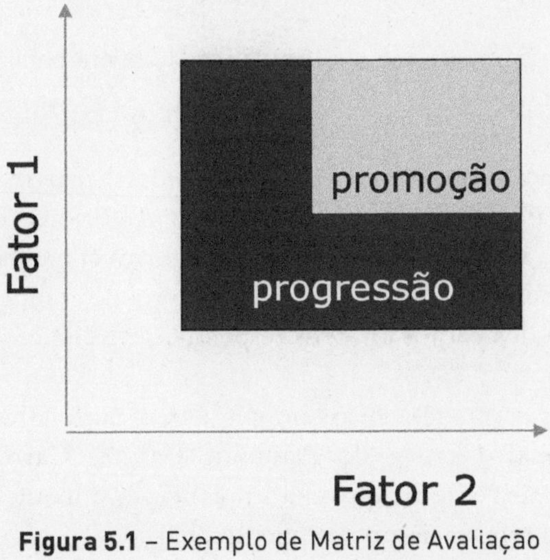

Figura 5.1 – Exemplo de Matriz de Avaliação

Reparem que, por meio dessa matriz, entendendo que o Eixo 1 pode ser representado pelo grau de aquisição, desenvolvimento e aplicação das competências, e o Eixo 2 pode representar o percentual de resultados alcançados, podemos avaliar o grau de maturidade do quadro funcional das empresas, visualizando o quanto nossos colaboradores apresentam e aplicam as competências necessárias ao crescimento da organização, alcançando, consequentemente, resultados favoráveis ao seu constante desenvolvimento. Esses resultados refletem, ainda, os pontos fortes e os pontos de melhoria, indicando aos gestores os caminhos a serem seguidos na busca do aprimoramento dos serviços oferecidos e do desenvolvimento individual.

Para isso, precisamos desenvolver uma metodologia que, em conformidade com a cultura da organização, possa avaliar aquilo que é considerado necessário para o desenvolvimento das partes envolvidas: empresa e colaborador.

Metodologia

Se utilizamos o modelo de Avaliação de Desempenho por Competências, este deverá permitir a visualização das competências relativas aos cargos e níveis, como também os respectivos conceitos e indicadores dessas competências.

A metodologia de avaliação a ser utilizada deverá considerar, portanto, as seguintes variáveis:

- Competências Organizacionais, definidas a partir dos Direcionadores Estratégicos da organização e que deverão constar em todas as avaliações, independentemente do cargo/nível ocupado;
- Competências Funcionais, com base no rol de competências relativas à natureza dos cargos em seus respectivos níveis.

A relação das competências referentes a cada cargo/nível normalmente consta do Manual Técnico do Plano de Cargos, Carreiras e Salários, documento que serve de base para a implantação e manutenção do Plano e também como referência no caso de fiscalizações.

Esta avaliação deverá ser efetuada, ao menos, pela chefia imediata, podendo ser posteriormente validada pela chefia mediata (o gestor do gestor). Entretanto, algumas metodologias podem ser utilizadas, dependendo da maturidade do quadro de gestores da empresa, com o objetivo máximo de possibilitar um maior equilíbrio dos conceitos obtidos e a redução da subjetividade da avaliação.

Dentre elas, se encontram:

- *Top-down* — quando o gestor avalia o subordinado e este resultado é considerado oficial para a empresa.
- 180° — quando há a avaliação do gestor imediato, a autoavaliação do colaborador (considerada para o resultado final) e a avaliação de pares ou clientes internos.
- 360° — quando há uma avaliação de cada colaborador por parte do gestor, pares, clientes e subordinados, caso haja equipe subordinada. Apesar desse modelo possuir inúmeros pontos positivos, não se pode esquecer de preparar a cultura da organização anteriormente à sua implantação, para não gerar problemas difíceis de se administrar, tornando o processo inexequível.

Para facilitar a avaliação e mais uma vez reduzir a subjetividade, sugerimos a utilização de uma escala de pontuação. Esta poderá tanto seguir o modelo apresentado, como poderá ser desenvolvida conforme a melhor possibilidade de compreensão por parte dos avaliadores e avaliados.

Escalas de pontuação

As escalas de pontuação são utilizadas para que se possa objetivar cada vez mais os resultados obtidos, seja em termos físicos, financeiros ou de avaliação de pessoas. Quando temos um quadro que nos permite visualizar onde nos encontramos comparativamente ao ponto em que deveríamos estar, isso nos favorecerá a buscar as opções que nos levarão a alcançar mais rapidamente os nossos objetivos.

Segue um modelo de escala, com quatro possibilidades de avaliação.

Grau	Competências
1	O colaborador não apresenta a competência e, portanto, não a aplica na realização de suas atividades.
2	O colaborador apresenta a competência em grau inferior ao esperado, demonstrando uma lacuna significativa em relação à realização de suas atividades.
3	O colaborador apresenta a competência no grau necessário ao desenvolvimento das atividades, aplicando-a corretamente no desempenho proposto.
4	O colaborador apresenta a competência desenvolvida em grande escala, aplicando-a regularmente em suas atividades e tornando-se referência em sua área de atuação.

Figura 5.2 - Escala para Avaliação de Desempenho por Competências

Os graus obtidos pelo colaborador em cada competência serão automaticamente somados, após o qual se achará a média aritmética dividindo-se o somatório total pela soma do número de competências avaliadas, gerando a média e/ou o conceito referente à avaliação do desempenho de cada colaborador.

Conforme citado anteriormente, podemos ainda acrescentar uma escala para avaliação dos resultados obtidos pelo colaborador, desde que estes resultados tenham sido definidos pela empresa e estejam alinhados e desdobrados a partir dos objetivos estratégicos. Caso não haja esse alinhamento, corremos o risco de termos resultados que se confrontam entre as diferentes áreas, gerando um problema ao invés de uma solução de desenvolvimento.

Lembramos que essas Escalas de Competências visam consolidar as dimensões de avaliação que integram o sistema e, conforme o exemplo, sugerimos que sejam de 1 a 4, pois reduz o nível de dúvida no momento de uma avaliação, evitando que as avaliações sejam efetuadas a partir do grau mediano, para evitar favorecimentos ou punições.

As escalas devem servir ainda de orientadoras na interpretação da pontuação obtida pelos colaboradores, na medida em que podem direcionar as ações apropriadas para o grau final em questão, sendo estas:

- Indicado para Progressão ou Promoção: colaboradores que atingiram o grau mínimo esperado pela organização.
  - Promoção — Movimentação vertical, na qual o colaborador avança para uma faixa salarial superior à faixa ocupada. Esta ação

deverá ser utilizada para aqueles que apresentam um desempenho superior ao esperado.
  - Progressão — Movimentação horizontal, na qual o colaborador avança em sua faixa salarial permanecendo no mesmo cargo e nível. Esta ação poderá ser adotada para aqueles colaboradores que apresentam um bom desempenho, mas ainda não adquiriram e/ou aplicaram competências de um nível superior.

- Capacitação ou acompanhamento intensivo (ações de treinamento e outras medidas): para colaboradores que não atingiram o grau mínimo esperado pela organização.
  - Capacitação — Ações de capacitação para o desenvolvimento de competências com grau inferior ao esperado. Esta ação deve ser aplicada aos colaboradores com potencial de desenvolvimento das competências esperadas pela organização.
  - Ações de treinamento e outras medidas — Ações intensivas de treinamento para o desenvolvimento do colaborador, remanejamento ou até mesmo ações de desligamento, para aqueles colaboradores que tiveram a oportunidade de desenvolvimento das competências esperadas pela empresa, mas não a aproveitaram ou não apresentam minimamente um potencial para evolução em termos de competências e desempenho.

Por último, não podemos esquecer que essas informações devem ser registradas em algum documento, preferencialmente virtual, pois se referem ao histórico do desempenho do colaborador dentro da organização.

Formulário de avaliação

Atualmente, muitas empresas vêm se utilizando de ferramentas que permitem simplificar o processo de avaliação, a partir de um núcleo que busca e cruza todas as informações necessárias, além de trazer como produto um Plano de Desenvolvimento Individual (PDI) para cada colaborador, em função das lacunas de competências apresentadas, com ações pertinentes e específicas, conforme será mais detalhado quando apresentarmos o modelo

Work Based Learning (WBL) no capítulo sobre Treinamento e Desenvolvimento por Competências.

Basicamente, impresso ou virtual, este instrumento deve conter um cabeçalho, com dados do colaborador, as competências requeridas pela empresa e pelo seu cargo e um espaço para assinalar pontos fortes e pontos de melhoria, além das assinaturas (que podem ser digitais) dos envolvidos. A seguir, apresentamos um modelo básico de formulário de avaliação, que poderá ser seguido, adaptado ou modificado, caso a empresa ainda não o possua.

DADOS DO COLABORADOR

TABELA DE AVALIAÇÃO DAS COMPETÊNCIAS								
COMPETÊNCIAS ORGANIZACIONAIS	**GRAUS DO AVALIADO**				**GRAUS DO AVALIADOR**			
	1	2	3	4	1	2	3	4
	1	2	3	4	1	2	3	4
	1	2	3	4	1	2	3	4
	1	2	3	4	1	2	3	4
COMPETÊNCIAS COMPORTAMENTAIS	**GRAUS DO AVALIADO**				**GRAUS DO AVALIADOR**			
	1	2	3	4	1	2	3	4
	1	2	3	4	1	2	3	4
	1	2	3	4	1	2	3	4
COMPETÊNCIAS TÉCNICAS	**GRAUS DO AVALIADO**				**GRAUS DO AVALIADOR**			
	1	2	3	4	1	2	3	4
	1	2	3	4	1	2	3	4
	1	2	3	4	1	2	3	4
Resultado das Competências:					**Conceito:**			

TABELA DE AVALIAÇÃO DE OBJETIVOS/RESULTADOS		
RESULTADOS/OBJETIVOS	INDICADOR	% DE ALCANCE
1.		
2.		
SOMATÓRIO		
MÉDIA ARITMÉTICA		
CONCEITO		
RECURSOS NECESSÁRIOS		
1.		
2.		

Figura 5.3 – Modelo de Formulário de Avaliação de Desempenho por Competências

Sabemos, todavia, que nada disso terá valor, se não houver uma sensibilização e capacitação dos avaliadores e avaliados no processo de avaliação. Vamos ver a seguir o que deve ser abordado nesses programas de treinamento.

Sensibilização e capacitação de avaliadores e avaliados

Será que todos os avaliadores conhecem um processo de avaliação de desempenho? Será que eles sabem qual a verdadeira razão de se implantar esse processo (ou as verdadeiras razões)? Será que se sentem confortáveis ao realizá-lo? Será que sabem que atitudes podem (e devem) ser adotadas para favorecer um processo de avaliação de desempenho?

Se as respostas forem "sim" para todas as perguntas, significa que estamos bem evoluídos, mas se pelo menos uma das respostas for "não", precisamos rever algumas ações e nos prepararmos para implantá-las.

Provavelmente, conseguiremos avançar bastante caso realizemos um programa de treinamento que responda a essas perguntas. Quais os itens que deverão ser abordados então? Não podemos esquecer que quando esse processo se baseia nas competências organizacionais e funcionais dos cargos, e essas competências têm seus conceitos e indicadores definidos, teremos uma boa parte do caminho andado, pois conseguiremos criar uma uniformidade de compreensão.

Mas, mesmo assim, vamos ver o que é imprescindível nesse treinamento:

- Avaliadores — conhecimento do conceito e do objetivo da avaliação, conhecimento e prática do formulário utilizado, conhecimento e prática de alguns comportamentos que os auxiliarão não só como avaliadores, mas também como gestores (esses comportamentos serão abordados ao final deste livro).
- Avaliados — conhecimento do conceito e objetivo da avaliação, conhecimento do formulário utilizado, sensibilização de que o processo faz parte de um propósito de desenvolvimento do quadro funcional.

Concluindo e resumindo este capítulo, vamos ver as ações requeridas no processo de avaliação e que se mostram, no mínimo, relevantes e imprescindíveis para que ele tenha o sucesso esperado e alcance o objetivo de desenvolvimento das equipes e das organizações.

AÇÕES:

1. Definição dos objetivos da avaliação.
2. Mapeamento ou compreensão das competências mapeadas e entendimento de como elas contribuem para a realização do processo e alcance do objetivo.
3. Criação das Escalas de Avaliação, geralmente definidas em um formato numérico ou conceitual, em que cada grau ou conceito corresponde a uma expectativa de desempenho.
4. Criação do formulário de avaliação, que pode ser impresso ou virtual. Relevante assinalar a necessidade de um espaço para a elaboração de planos de ação que supram as lacunas apontadas, caso contrário não se justifica a implantação do processo.

5. Elaboração de um manual que contenha todas as explicações técnicas para utilização do modelo.
6. Treinamento dos avaliadores (imprescindível) e dos avaliados, com o objetivo de capacitá-los quanto ao processo e à uniformidade de atuação.

6. Treinamento e Desenvolvimento por Competências

Por último, como uma das principais funções da área de gestão de pessoas, nos deparamos com o subsistema denominado mais comumente como treinamento e desenvolvimento. Pela sua relevância e pelas múltiplas facetas que encontramos nesse subsistema, o dividiremos em três partes, a saber: o contexto atual e os novos objetivos da área de treinamento; os tipos de programa e suas respectivas etapas; e a avaliação de resultados de treinamento, sendo esta última motivo de um outro capítulo.

O contexto atual e os novos objetivos da área de treinamento e desenvolvimento

Já citamos, e todos sabem, que o mundo passa por constantes e profundas modificações. Tais mudanças impõem ao homem um eterno desafio: ser o propulsor de novas transformações ou adaptar-se a elas.

Se a sobrevivência de uma organização depende, atualmente, de sua capacidade de reagir às mudanças que ocorrem continuamente (novos negócios, tecnologias ou políticas de governo), deveríamos admitir como regra a adoção de novas abordagens administrativas e a busca por profissionais que apresentem uma boa probabilidade de adaptação às novas formas de atuação.

O cenário atual aponta cada vez mais para a necessidade de um novo perfil de colaboradores, baseado na definição de competências que são direcionadas para o alcance de resultados. Existe a percepção e a compreensão de que só uma gestão efetiva de pessoas e processos, aliada a uma análise do mercado e da concorrência, permitirão o alcance e a superação dos objetivos de negócio estabelecidos e as levarão ao sucesso esperado.

Definir e realizar um programa de capacitação e desenvolvimento baseado em um processo de análise de perfil/competências para os colaboradores, em especial aqueles que se encontram na função executiva, constitui-se no processo que as empresas vêm observando como o mais capaz de atingir de forma mais rápida e eficaz os seus objetivos.

Certamente tal mudança de realidade não tem se dado sem resistências. Para muitas pessoas, o novo é sentido como algo ameaçador, o que as faz assumirem comportamentos com tendência à acomodação e à estabilidade ou, muitas vezes, até mesmo a agirem de forma agressiva ou inconsistente.

O medo do desconhecido e a resistência ao novo se dão porque as pessoas podem se sentir prejudicadas econômica, psicológica ou socialmente. O novo abala a habilidade em remanejar situações dominadas através do tempo.

Dessa forma, é comum aos indivíduos assumirem uma atitude de fuga diante da mudança, dizendo não a propostas que nem sequer param para avaliar ou, então, atacam-nas antes mesmo de examiná-las.

Mudar não é algo que se faça sem um pouco de receio, até mesmo porque muitas vezes a situação nova ainda não está muito clara, não é conhecida a participação esperada de cada uma das pessoas e qual o nosso papel neste processo. Isto pode gerar resistências, resultantes de fatores como egoísmo, má compreensão ou falta de confiança.

No entanto, existem várias estratégias disponíveis para lidar com a resistência à mudança, em especial quando há a necessidade de implantar um processo de capacitação e desenvolvimento de pessoas. São elas:

educação e comunicação, participação, facilitação, apoio e coerção. Sabemos que esta última muitas vezes nos traz resultados desastrosos, embora em outras seja de absoluta relevância, quando nos deparamos com resistências que refletem um medo que é prejudicial à evolução do próprio indivíduo ou da organização.

Entendemos ainda que lidar com pessoas requer habilidades técnicas e interpessoais, no sentido de construir um ambiente saudável e harmônico, onde os objetivos de vida de cada colaborador se associem aos objetivos da empresa, atendendo a seus clientes internos e externos de maneira satisfatória.

Temos que nos lembrar que em algum momento de nossas vidas somos fornecedores, em outros, porém, somos clientes ou pacientes de algum processo que também pode nos trazer certo incômodo.

O processo de educação para eliminar as resistências a mudanças, demonstradas (ou não) por nossos clientes, de forma a mostrar que se não encararmos os desafios, jamais teremos a sensação de termos participado do processo de mudança de nossas organizações e da própria sociedade em que vivemos, ainda se apresenta como a maior oportunidade para o profissional de capacitação e desenvolvimento.

Há décadas observamos tendências que cada vez mais se solidificam em relação ao tema tratado. Como exemplo, podemos relacionar, além da necessidade de provocar mudanças, a preocupação com o lucro e/ou com o orçamento da empresa, a obrigação cada vez maior de se ter uma gestão voltada à excelência, com ênfase nos consumidores, na rede de fornecedores, na relação com os colaboradores e no monitoramento da concorrência, e isso deve acontecer enquanto ainda existem tempo e recursos suficientes.

Considerando-se todos esses fatores, podemos entender que os maiores requerimentos que as organizações vêm demonstrando quanto às demandas de gestão de pessoas e, em especial, àquelas relacionadas à capacitação e ao desenvolvimento de seus colaboradores, referem-se à implantação de um modelo que dê conta de reduzir a subjetividade existente até então, quando os Planos de Desenvolvimento Corporativo são delineados com base em intenções ou ferramentas que nem sempre prezam pela objetividade de seus dados e informações.

Nesse contexto, o modelo de Gestão por Competências trouxe uma maior e melhor visibilidade quanto às carências apresentadas pelas empresas, pois consegue delimitar seu campo de atuação às lacunas entre as competências imprescindíveis à organização (competências organizacionais) e às áreas de trabalho (competências específicas ou funcionais).

Tratando-se da capacitação e do desenvolvimento do quadro de colaboradores, conseguir identificar exatamente o que é necessário e o que de fato a organização possui, em termos de competências e talentos humanos, facilita profundamente a definição dos critérios de mensuração das ações de treinamento empreendidas pela área de Gestão de Pessoas, bem como incorre em redução de custos, na medida em que os programas são customizados com base em demandas reais e não em suposições apresentadas pelos gestores ou pela própria área de Gestão de Pessoas.

Em resumo, podemos entender que uma das principais modificações que precisam ocorrer no processo de capacitação está relacionada às lacunas identificadas no método de avaliação de desempenho, e estas devem se caracterizar pela ausência ou insuficiência de conhecimentos, habilidades ou atitudes (competências) imprescindíveis para o alcance de resultados pelos ocupantes dos cargos, mais uma vez demonstrando a interrelação entre os subsistemas de gestão de pessoas favorecida pelo modelo da Gestão por Competências.

Logo, pode-se considerar o treinamento dentro de um contexto maior: o contexto de desenvolvimento de pessoas, lembrando que o envolvimento é a base para o (des)envolvimento e quando isso ocorre, existe uma grande possibilidade de internalização e, consequentemente, de uma mudança de ação. Entretanto, e complementarmente, para que essas ações sejam bem-sucedidas, é importante conhecer os princípios de aprendizagem que regulam o processo.

A motivação e o processo de aprendizagem

O processo de aprendizagem de um indivíduo envolve alguns fatores que passam pela motivação existente para captação e compreensão do programa pelo qual está passando.

Ao iniciar um processo de capacitação e desenvolvimento, onde se tem que trabalhar a aquisição e a motivação para a aplicação de conhecimentos, habilidades e atitudes de um determinado grupo, e sabendo que é necessária a mensuração do grau de alcance destes objetivos, é importante conhecer alguns princípios que promovem a aprendizagem:

- Definindo aprendizagem, podemos afirmar que se trata de um processo interno e pessoal, isto é, intransferível. Ninguém aprende pelo outro.
- Outra característica da aprendizagem é a de que pode acontecer tanto de maneira informal (na vivência diária), quanto formal (onde se seguem regras preestabelecidas, podendo ser adquirida na empresa ou na escola), portanto, devemos escolher adequadamente que metodologia iremos adotar.

A aprendizagem ocorre geralmente nas três grandes áreas do indivíduo, percebendo-se desde já uma semelhança com a definição do conceito de competências.

Área cognitiva — envolve as capacidades intelectuais.

Área psicomotora — envolve habilidades na execução de tarefas práticas.

Área afetiva — envolve valores, atitudes e emoções.

É importante também entender que a aprendizagem funciona como um sistema e, portanto, possui um ponto de entrada e um ponto de saída, como pode ser visto abaixo:

Atenção → *Compreensão* → *Aceitação* → *Retenção* → *Transformação* → *Ação*

Cada um desses pontos significa dizer que são fatores influenciadores do alcance de resultados dos programas de capacitação e desenvolvimento. Entretanto, não só as experiências profissionais vêm demonstrando a necessidade de se trabalhar com outras variáveis. O próprio Sistema ISO, assim como a fórmula destinada ao cálculo do retorno sobre o investimento em treinamento (ROI), trouxeram algumas contribuições que fortalecem o modelo e a necessidade de adotá-lo de forma mais efetiva nas organizações.

Outro ponto significativo, e que não podemos esquecer de citar, refere-se às dimensões dos programas de treinamento ou o que o programa desenvolvido pretende atingir e como pretende suprir a lacuna identificada.

Dimensões dos programas de treinamento

Podemos entender a dimensão (ou as dimensões) dos Programas de Capacitação e Desenvolvimento de Pessoas a partir da compreensão dos conceitos de capacitar e desenvolver.

Capacitar e desenvolver significam tornar alguém capaz de saber, saber fazer ou saber ser para melhorar seu desempenho.

- **É tornar... capaz** — identificação de uma necessidade + ação que possibilite aprender;
- **Alguém** — cliente e/ou público-alvo do treinamento;
- **Saber (conhecimento), Saber fazer (habilidade), Saber ser (atitude)** — definição dos conteúdos;
- **Para melhorar seu desempenho** — desempenho real x desempenho desejado (resultado) — eficiência e eficácia, crescimento e desenvolvimento pessoal — valores.

No contexto da educação, as ações de capacitar e desenvolver devem ser uma efetiva contribuição na geração de competências e habilidades profissionais, capazes de interferir positivamente e com agilidade nos resultados de negócio da empresa. Traz-se à luz, já neste momento, o conceito das competências.

Contudo, para que se consigam resultados efetivos nesse processo, é preciso que se entenda, ainda, que existem três dimensões básicas, e são estas dimensões que servirão de indicadores-chave para a aferição da obtenção dos resultados posteriormente:

- Dimensão Técnica
- Dimensão Organizacional
- Dimensão Comportamental

Programas de capacitação técnica

Os programas de capacitação técnica são todos aqueles que envolvem um conteúdo capaz de fazer evoluir o desempenho, a produtividade e o índice de alcance de resultados do público-alvo quando em sua aplicação na área de trabalho. Isso significa dizer que os produtos ou serviços gerados dependem daquele conhecimento para poderem ter uma adequação eficaz aos requerimentos de nossos clientes.

Este tipo de programa, portanto, deverá ser elaborado de forma a ser compatível com as necessidades de ampliação de conhecimento e desenvolvimento/aprimoramento de habilidades que levem os ocupantes de um determinado cargo a ter um melhor desempenho prático.

Como exemplo temos os cursos de informática, de técnicas de vendas, de rotinas trabalhistas, de atendimento ao cliente (quando é para esta área especificamente), dentre outros.

Programas de amplitude organizacional

Estes programas possuem como principal objetivo ampliar a capacidade do público-alvo no que se refere ao seu conhecimento relativo à organização em que trabalham. Não pretendem, decerto, levar um colaborador a entender todas as áreas de sua empresa detalhadamente, mas que possam compreender a interrelação entre os diversos departamentos e o quanto o seu próprio trabalho impacta ou é impactado pelos demais.

Neste campo temos como exemplo as palestras, os congressos, os estágios em outras áreas etc., que irão facilitar as interações fornecedor/cliente internos e externos.

Programas de desenvolvimento comportamental

Podemos dizer que este campo é o mais complexo e mais difícil de atuar, já que os resultados envolvem mudanças de comportamento e estas não são feitas em curto prazo. É importante, neste caso, que o profissional responsável possua uma formação que lhe dê embasamento para trabalhar aspectos relacionados a emoções e sentimentos dos participantes.

Aqui se encontram relacionados todos os programas direcionados para melhoria da administração dos conflitos entre as equipes e áreas de trabalho, processos de negociação, comunicação, relações interpessoais, programas motivacionais e desenvolvimentos gerenciais, dentre outros.

De uma maneira geral, é nesta área onde mais podemos selecionar, dentre os diversos tipos de programas existentes, mas independentemente do modelo, torna-se necessária a passagem pelas quatro etapas apresentadas a seguir.

Etapas do subsistema treinamento e desenvolvimento

Esse subsistema, para que apresente resultados produtivos e confiáveis, precisa que os programas e ações desenvolvidas passem por quatro grandes etapas. São elas: o planejamento, a elaboração, a realização e a avaliação daquilo que entendemos que deve ser transmitido para outros. É na avaliação que verificamos se aquilo que foi desenvolvido está em conformidade com a necessidade real de uma organização, um grupo ou mesmo de um colaborador.

Vamos entender um pouco das fases de um programa de capacitação, em especial no que se refere ao modelo das competências.

Planejamento do treinamento

Nesta etapa precisamos conhecer com exatidão o cliente da ação ou programa de capacitação, para que possamos entender claramente seus requerimentos ou necessidades atuais de forma mais fácil, em função do mapeamento das competências, com seus conceitos e indicadores. A compreensão exata da lacuna apresentada pelo público-alvo também faz parte deste planejamento.

- **Identificação do cliente x público-alvo**

A partir da identificação do cliente é que iremos entender qual é exatamente a necessidade existente.

Exemplos: Diretoria da Empresa? Gerentes e Supervisores? Equipes específicas?

O cliente pode ser igual ou diferente do público-alvo. Cliente é todo aquele que nos solicita algum tipo de programa de capacitação e desenvolvimento e que tem as condições necessárias para nos transmitir todas as informações relevantes, assim como efetuar o acompanhamento dos resultados.

Quando identificamos o cliente, é nele que temos o nosso "foco" até o final do processo. Mesmo quando conscientizados quanto à nossa abordagem relativa ao processo, precisamos entender as diferenças e necessidades individuais de nossos clientes. Normalmente, o cliente é um gestor, que nos traz lacunas apresentadas nas avaliações de suas equipes.

Já o público-alvo é todo aquele que sofre a ação do programa de capacitação e desenvolvimento. É quem apresenta lacunas que devem ser desenvolvidas por meio de nossa atuação. Não podemos deixar de ouvi-lo, pois nem sempre o cliente consegue perceber ou deixar de sofrer a influência de sua própria percepção, quando identifica as necessidades de sua equipe. Neste contexto, a Gestão por Competências é uma grande facilitadora, pois apresenta, além das competências, conceitos e indicadores que consolidam mais os discursos não só dos clientes como também do público-alvo, atores envolvidos nesse processo.

Além disso, conhecer aspectos básicos e elementos-chave desse público certamente contribuirá para desenvolver e realizar um programa que obterá sucesso ao seu final. A idade, a localização geográfica, a condição social e o tipo de função, quando sabidos anteriormente ao programa, nos levarão a não cometer equívocos, como usar exemplos sobre situações não vivenciadas, gírias inapropriadas e até um vocabulário desconhecido em determinada região.

- **Levantamento de necessidades e diagnóstico do problema**

A partir dos resultados das avaliações de desempenho do público-alvo ou dos resultados da área, são traçadas as ações que serão desenvolvidas. Embora sejam esses os melhores meios, as necessidades de capacitação e desenvolvimento também podem ser identificadas por meio de alguns instrumentos ou ferramentas, tais como: questionários, entrevistas planejadas, pesquisas de clima organizacional, pesquisas de satisfação de clientes e dados organizacionais numéricos.

Seja qual for o instrumento ou ferramenta utilizada, sua análise deve ser feita tendo em vista a estrutura, o contexto, os objetivos de negócio da empresa e, principalmente, as competências requeridas pela empresa e que precisam ser desenvolvidas por meio da ação de capacitação.

A correta identificação dos aspectos a serem trabalhados fornecerá subsídios para a elaboração e realização dos programas de capacitação e desenvolvimento. Consideramos que a partir da identificação das necessidades, poderemos melhor diagnosticar, descrever e trabalhar o problema, que pode ser definido da seguinte forma:

SITUAÇÃO ATUAL ≠ SITUAÇÃO DESEJADA

Figura 6.1 – Definição de problema

Temos que estar atentos à causa dos problemas e não apenas aos sintomas. Estes, normalmente, são traduzidos por tudo aquilo que aparece e que, se não forem utilizados apenas como a ponta do *iceberg* para a identificação das verdadeiras causas, não serão úteis ou acabarão impactando negativamente em nossos resultados. Todas as variáveis, portanto, devem ser analisadas e trabalhadas anteriormente à fase de elaboração.

O modelo de Gestão por Competências já esclarece, com uma fidedignidade muito maior, quais são as verdadeiras lacunas apresentadas pelo público-alvo, para que se possa direcionar as ações de capacitação e desenvolvimento acertadamente da primeira vez.

Elaboração do Treinamento

Visando o melhor entendimento do produto a ser gerado, é fundamental conhecer as características do público-alvo e os objetivos do programa, para que posteriormente se possa avaliar os resultados esperados.

A especificação dos temas, a escolha da metodologia a ser utilizada, a seleção das técnicas e dos recursos didáticos e a elaboração do plano de aula, assim como a análise do tempo a ser investido e dos custos envolvidos, também são fatores que compõem esta etapa do treinamento.

Vale lembrar que programas de treinamento que se baseiam nas lacunas identificadas entre as competências necessárias ao cargo/função e as competências apresentadas pelos treinandos, possuem um percentual bastante elevado em relação à probabilidade de que o custo de treinamento seja um custo de conformidade, caracterizado como investimento, quando o retorno é superior ao gasto efetivado, e não o inverso, o que ocorre em muitas vezes, trazendo um custo de não conformidade.

Vamos iniciar esta etapa verificando o que é possível predizer:

- Que objetivos esperamos dos programas que serão conduzidos;
- Que resultados precisamos atingir;
- Como atingiremos esses resultados e;
- Como saberemos se alcançamos estes resultados e de que forma poderemos mensurá-los.

Para tanto, vamos analisar cada uma das fases que compõem essa etapa.

Definição de objetivos

A identificação dos objetivos de um programa de capacitação e desenvolvimento passa pela definição correta do que entendemos como objetivos e como podem ser divididos em gerais e específicos. O diagrama apresentado a seguir pode exemplificar melhor esses conceitos:

OBJETIVOS
O que se quer alcançar após a realização de um programa de capacitação

→ Ação – desempenho final esperado

→ Condição – situação sob a qual a ação deve ser observada

→ Critério de mensuração – padrão satisfatório mínimo que se espera alcançar

Figura 6.2 – Objetivos dos Programas de Treinamento e Desenvolvimento

Os objetivos gerais são aqueles que traduzem a necessidade ou a demanda do indivíduo ou da equipe de trabalho. Como exemplo, podemos citar:

> "Desenvolver nas pessoas a capacidade de trabalhar em equipe, de forma harmoniosa, para alcançar os resultados previstos."

Já os objetivos específicos são o desmembramento dos objetivos gerais. No exemplo anterior, podemos dizer que um dos objetivos específicos se refere a:

"Capacitar as pessoas a identificarem fatores motivacionais que interferem no desenvolvimento da equipe."

O fluxo da definição dos objetivos, chave para uma adequada avaliação e mensuração dos resultados estabelecidos para as ações de capacitação e desenvolvimento, ocorre segundo o fluxo a seguir demonstrado, entendendo que sempre devemos partir dos direcionadores estratégicos de cada organização. Reparem que não se fala mais de treinamento vinculado apenas a algum tema ou necessidade que entendemos que deve ser suprida, mas sim de algo muito mais estratégico.

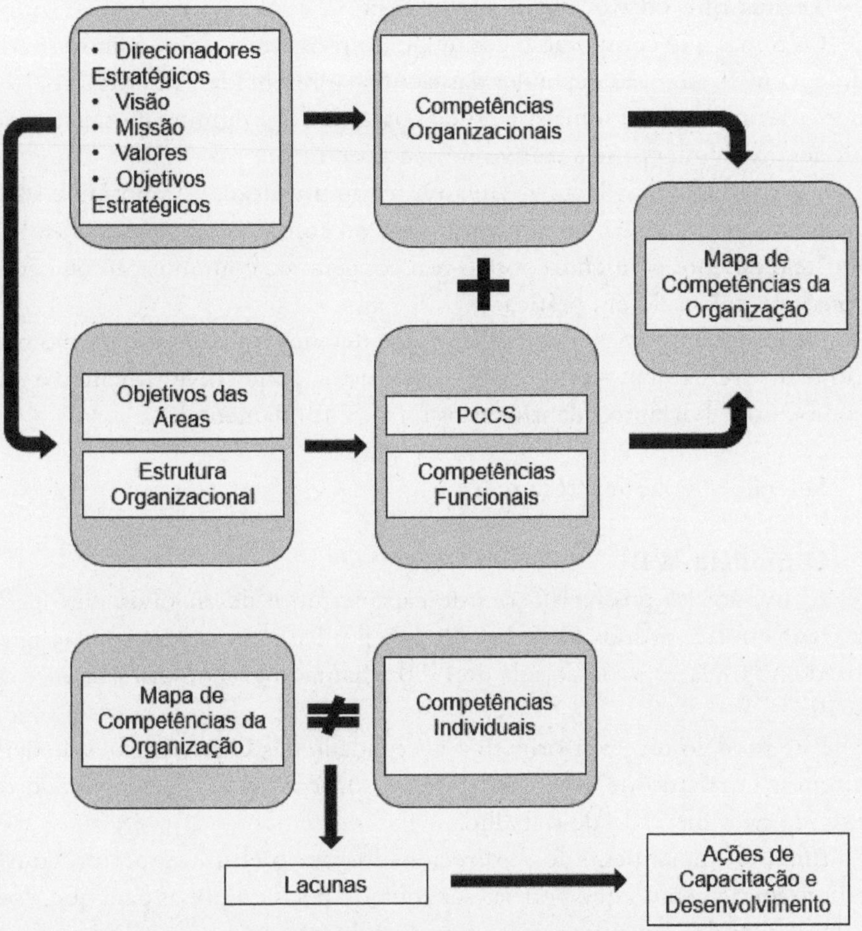

Figura 6.3 – Fluxo estratégico das ações de Treinamento e Desenvolvimento por Competências

Os direcionadores e, em especial, os objetivos estratégicos, quando desmembrados, geram as competências organizacionais, as quais todos devem ter, mas que também podem e devem ser desenvolvidas internamente, caso existam lacunas. E estas, normalmente, são supridas por ações de capacitação e desenvolvimento.

Nesta fase consegue-se especificar os temas a serem trabalhados e escolher a forma como o programa será conduzido.

Temas que comporão o programa

Os temas que comporão o conteúdo do programa, assim como a metodologia utilizada, vão depender das lacunas apresentadas. Importante dizer que a definição do(s) tema(s) é crucial para que o programa de capacitação ou desenvolvimento seja efetivo no seu propósito.

Por exemplo, se a lacuna é relativa à comunicação, é importante saber qual a maior demanda: comunicação oral ou escrita? Verbal ou não verbal? Existe o desconhecimento sobre o real conceito da comunicação ou não se consegue colocá-lo em prática?

Nesta fase podemos incorrer em erros que nos tomarão um tempo precioso do treinamento e que não serão vistos como investimento, e sim como custo. Portanto, identificar os temas é fundamental.

Seleção das ações/técnicas

O modelo WBL

A divisão das possíveis ações de capacitação e desenvolvimento pode ser feita em três grupos. Essa divisão teve por base um modelo pedagógico criado na Inglaterra, na década de 1980, chamado *Work Based Learning*, ou WBL.

Este modelo teve por origem a necessidade das Universidades de definirem o currículo de seus cursos de acordo com o que era esperado ou exigido pelo mercado de trabalho.

Embora inicialmente fosse direcionado para o ensino superior, com o tempo foi percebido que poderia ser adotado pelas empresas para que, cada vez mais, pudessem customizar suas ações de treinamento em linha com as necessidades reais de seus quadros funcionais.

O WBL trata da composição de programas e ações divididos em três categorias, adotados pelas empresas de maneira que o ambiente de trabalho possa ser a origem, o local de estudo, o local de aplicação e a fonte de pesquisa do currículo.

As três categorias indicadas pelo WBL são:

a) Aprender **para** o trabalho

Estas ações estão relacionadas à formação necessária para que determinado trabalho seja realizado. Caso o colaborador ainda não possua a informação básica sobre o tema, ele deverá passar por esta fase, que se traduz pela necessidade de aquisição ou atualização de conhecimentos sobre determinados assuntos, lembrando que isso pode ser visto como a necessidade de desenvolvimento de competências técnicas.

Como exemplo temos as formações básicas (cursos técnicos, graduações, pós-graduações), os cursos presenciais, *online* e EAD (educação a distância), as palestras, os congressos, os seminários, os filmes e as leituras sobre o tema considerado lacuna da competência.

b) Aprender **com** o trabalho

Estas ações devem ter por base a realidade do ambiente de trabalho. De uma maneira geral, abrangem aspectos de conhecimento e comportamentos considerados relevantes para a construção ou otimização de processos e situações reais existentes na organização.

Como exemplo temos os *workshops* ou oficinas de trabalho (reunião de grupos interessados em discutir, resolver ou melhorar determinadas situações), o *coaching* (encontros com pessoas que contribuem para o desenvolvimento de determinadas habilidades pessoais) e o *mentoring* (encontro com pessoas consideradas referências e com grande experiência nas lacunas apresentadas).

c) Aprender **no** trabalho

Estas ações se relacionam à própria prática no desenvolvimento de atividades necessárias ao alcance de objetivos concretos e predefinidos pela organização.

Como exemplo temos os estágios em outras áreas, os rodízios, os grupos multifuncionais, a participação em reuniões e a própria orientação *on the job*, quando o gestor ou alguém com mais experiência desenvolve o trabalho junto com o colaborador para que este consiga aprender com a própria prática.

Treinamento individual x treinamento coletivo

As técnicas também precisam ser utilizadas considerando a abrangência do treinamento, independentemente de ser um treinamento no modelo mais convencional ou desenhado com base nas competências. Caso seja definido um programa de treinamento individual, podemos usar algumas técnicas, tais como: leituras, filmes, vídeos, mentoria e *coaching*, estas duas últimas definidas anteriormente.

No caso de treinamento coletivo, poderão ser utilizadas algumas técnicas, lembrando que devem ser eleitas segundo os objetivos previamente definidos.

Dentre as mais tradicionais, porém ainda utilizadas, temos como exemplo:

- Palestras ou Exposições — transmissão de informações unilateralmente.
- Exposições Dialogadas — exposição de conceitos + participação do treinando.
- Discussões — troca de experiências.
- Debates — ataque e defesa de pontos divergentes.
- Estudos de Caso — análise de opiniões para solução de casos diversos.
- Dramatizações — representação de papéis que compõem uma determinada situação. Deve-se dar atenção às emoções.
- Dinâmicas de Grupo — atividades + sentimentos + interação.
- Jogos de Empresa — situação organizacional onde existem regras, sistema de pontuação e papéis ou cenários. Há uma equipe vencedora.
- Workshops — situação de trabalho onde se utiliza as demais técnicas.
- Simulações — operação de equipamentos ou veículos, em geral.

Entretanto, segundo os estudos mais recentes para se fortalecer o aprendizado no treinando, encontramos algumas técnicas que podem se mostrar eficazes e até divertidas:

- Sala de Aula Invertida — onde o treinando se torna o protagonista da aprendizagem e, em função de um assunto dado, apresenta o que considera mais interessante sobre o mesmo.
- *Kahoots* — jogos que podem ser utilizados no celular.
- *Quiz* — jogo de perguntas e respostas.
- *Microlearning* — conteúdos simplificados que podem ser utilizados em pequenos dispositivos, em qualquer lugar.

Lembramos que a escolha das técnicas afetará necessariamente a forma de mensuração dos resultados, mas ainda temos algo imprescindível a citar, que é a definição dos recursos.

Definição dos recursos

Definido o conteúdo, a metodologia e as técnicas a serem utilizadas, o profissional responsável pela condução do programa pode contar com vários recursos, tais como plataformas de videoconferências, apostilas (preferencialmente digitais), quadro ou *flip-chart*, computador, telas, materiais diversos para exercícios individuais e/ou de grupo, dentre outros não explorados neste material, em função do tema trabalhado.

Os recursos didáticos previstos devem considerar essencialmente a disponibilidade de recursos financeiros e a realidade do público-alvo. Entretanto, é a partir da definição das técnicas e dos recursos que se poderá elaborar o plano de aula e se pensar sobre os custos necessários à implantação do programa, na medida em que este também é fator importante de avaliação de resultados.

Plano de aula

O plano de aula a ser elaborado para um programa de capacitação ou de desenvolvimento deverá, basicamente, abranger em seu escopo os temas a serem abordados, os respectivos recursos a serem utilizados, bem como o tempo gasto com cada atividade.

Aconselhamos a não definir um plano de aula que seja fechado em um modelo que não pode ser alterado, porque por mais que conheçamos a organização, sua cultura, o indivíduo ou o grupo que será o público-alvo do programa, não sabemos o que pode ocorrer quando houver a interação desses elementos, portanto, temos sempre que levar em conta que poderemos ter que acrescentar ou suprimir uma (ou algumas) discussão ou exercício, e não demonstrar insegurança devido a essa intercorrência. Cada grupo ou indivíduo possui uma dinâmica (conforme será visto no capítulo sobre administração de conflitos) que pode variar em função do dia, do momento ou da situação que esteja vivenciando.

Modelo básico de plano de aula:

Horário	Tema	Assuntos	Instrutor	Metodologia / Técnicas	Recursos
08:30	Abertura	Breve apresentação da Diretoria	Diretor, instrutor interno	Exposição oral	Computador, microfone, pointer
09:00	A importância da equipe	Indivíduo, grupo e equipe	Consultoria externa	Exposição oral e dramatização	Microfones, folhas em branco e canetas
10:00	Intervalo Coffee Break				Alimentos e bebidas

Figura 6.4 – Modelo de plano de aula

Análise do tempo e dos custos

A análise dos custos, atualmente, é um importante fator na definição do programa que iremos desenvolver e aplicar. Se queremos a aprovação de instâncias superiores ou contribuir para o alcance dos objetivos de negócio de nossas organizações, é necessário consolidar todas as informações relativas aos custos. Não podemos esquecer que não devemos considerar apenas os custos de conformidade envolvidos em nossa escolha, mas todas as implicações que são inerentes a ela, referentes aos resultados estabelecidos previamente.

Como custos de conformidade que devemos considerar, encontramos:

- Honorários relativos aos instrutores externos e/ou remuneração dos profissionais da empresa;
- Custo com o local;
- Despesas com materiais;
- Custo com refeições, estadia ou locomoção;
- Custo com local e equipamentos a serem utilizados.

A partir do momento em que essas informações se encontram organizadas, caso o programa seja coletivo e presencial, é importante compreender adequadamente que o sucesso de um programa bem estruturado só é alcançado após a sua execução.

Logo, como custos de conformidade que trazem resultados e que devemos considerar, encontramos aqueles relacionados à apropriação do conhecimento e da prática do treinando após o programa de treinamento, a melhoria da relação com o cliente interno/externo, a mudança de postura com a gestão, subordinados e equipes de trabalho, dentre outras.

Quanto à análise do tempo, temos dois elementos relevantes a serem observados. Um é a necessidade apresentada pelo colaborador/grupo. Dependendo do tipo de lacuna, precisamos ver o tempo como um custo de conformidade, mesmo que envolva outros custos, caso seja ampliado.

O segundo fator, e talvez o maior desafio que temos, é conseguir desenvolver um programa de capacitação que seja adequado e efetivo quando temos um orçamento que não é condizente com a necessidade. Neste caso, precisamos rever as técnicas utilizadas, os recursos didáticos e o plano de aula, para os adaptarmos à realidade da organização.

É claro que quanto mais conseguimos identificar as reais lacunas do quadro funcional, mais conseguimos desenvolver ações que estejam em linha com as necessidades e utilizarmos um orçamento que seja compatível com o que é efetivamente preciso.

Execução do Treinamento

A execução do treinamento é a própria realização do evento. Não se pode esquecer de avaliar o perfil do(s) instrutor(es) selecionado comparativamente ao perfil do grupo a ser treinado, o que pode levar a um maior ou menor sucesso do programa. Caso o instrutor seja interno, essas informações são mais fáceis de serem obtidas, porém nem sempre temos internamente um instrutor que possua a *expertise* necessária à realização do treinamento. A que precisamos atentar então?

O perfil do instrutor

A escolha dos profissionais responsáveis pela realização dos programas de capacitação e desenvolvimento é um ponto-chave do processo.

Para que um programa de capacitação e desenvolvimento seja bem sucedido é fundamental que o instrutor seja um dinamizador do processo da aprendizagem, uma vez que é a partir da sua atuação que os objetivos traçados poderão ser alcançados. Para que isso aconteça, é preciso que se entenda que a aprendizagem se constitui num processo de mudança, então sua atuação deverá ser a de agente de mudanças, propiciando o encorajamento necessário para que estas ocorram.

Devemos lembrar que nem sempre o profissional de Gestão de Pessoas é que estará à frente na execução de um programa. Ele pode participar como facilitador de um treinamento técnico, através de seu conhecimento amplo de planejamento, elaboração e execução de programas de uma maneira geral. Mas, podemos ter à frente de um programa de treinamento não só o profissional de Gestão de Pessoas, mas também um profissional da área, especialistas no assunto (consultores internos ou externos) ou gestores da organização. Portanto, é fácil concluir que é imprescindível a análise global de uma necessidade para que se possa definir ou estabelecer cada um dos itens que foram citados.

Por fim, temos que prestar muita atenção às habilidades exigidas para o perfil da função de instrutor. Um bom conhecimento e prática do processo de comunicação é "meio caminho andado" para o sucesso de um programa. Porém, o entendimento do público-alvo, com suas características, conhecimentos, limitações e, principalmente, o conhecimento das competências estabelecidas como lacunas no programa, com seus conceitos e indicadores, irá facilitar o processo de entrosamento interpessoal e a relação ensino-aprendizagem.

Como última fase do subsistema capacitação e desenvolvimento, temos a avaliação dos programas adotados. Devido à sua relevância, iremos tratá-la em um capítulo à parte.

7. Avaliação dos Programas de Treinamento e Desenvolvimento por Competências

Atualmente, consegue-se identificar a necessidade de avaliação não só de um programa de treinamento em si, denominada avaliação de reação, como também percebe-se imprescindível a necessidade de avaliar os resultados efetivos propiciados pela sua realização.

Os resultados a serem alcançados, assim como a forma de avaliá-los, devem ser estabelecidos previamente à execução do programa, de forma que não haja nenhum tipo de surpresa ou desapontamento, seja por parte dos treinandos, do instrutor ou do cliente solicitante.

Muitos modelos de avaliação de resultados vêm se tornando ineficazes, em função de não se conseguir, de forma objetiva, avaliar o que de fato se alcançou após o treinamento. Da mesma forma, as avaliações de reação, se bem utilizadas — embora possam servir de *feedback* quanto à execução do programa — também podem trazer algumas informações sobre a configuração ou sobre o instrutor, mas, se não sabemos exatamente o que é necessário, existe uma grande probabilidade de que estejamos incorrendo em um custo e não fazendo um investimento que trará algum retorno para a organização, conforme já exposto anteriormente.

E essa é uma responsabilidade do profissional de gestão de pessoas. Este profissional, portanto, para atuar de forma efetiva e ser considerado alguém que impacta no alcance dos objetivos de negócio das empresas, de uma maneira geral, deve possuir uma visão global da organização e participar estrategicamente de suas intervenções, bem como:

- deve conhecer os direcionadores estratégicos da organização;
- deve ser capaz de ver a organização como um sistema social, e não um conjunto de relações mecânicas, dirigido por regras racionais;
- deve ser capaz de ouvir, falar e ser um líder nas negociações com o poder decisório, seus clientes internos e seus fornecedores;
- deve ter bom senso e conhecer bem a cultura e o clima organizacional para definir melhor as possibilidades de atuação;
- deve conhecer quais são as competências requeridas pela empresa e como está situado o quadro funcional em relação a essas competências, ou seja, quais são as competências individuais dos colaboradores e como tratar as lacunas existentes.

Somente assim, poderá agir e interagir com as demais áreas da empresa, transformando a visão, em especial da área de Treinamento e Desenvolvimento, para um novo processo muito mais eficaz e produtivo, capaz de gerar uma maior qualidade de trabalho e de vida para os colaboradores.

Nesta nova filosofia, podemos perceber a diferença entre treinamento e desenvolvimento através das definições apresentadas a seguir.

TREINAMENTO (Visão Conservadora)	EDUCAÇÃO e DESENVOLVIMENTO (Visão Atual)
Processo de ensino-aprendizagem que visa transmitir conhecimentos, habilidades e atitudes para tornar o colaborador capaz de desempenhar suas funções.	Processo de ensino-aprendizagem que visa transmitir conhecimentos, habilidades, atitudes e valores aos indivíduos, de modo a contribuir para o crescimento pessoal e profissional de cada colaborador, associado ao desenvolvimento da organização, tendo em vista o alcance de maior produtividade.

Conforme citado anteriormente em nossa introdução, a denominação não é o mais importante nesse processo, mas a forma como o encaramos e agimos, visando os objetivos predeterminados. Portanto, iremos considerar aqui não a visão conservadora, mas a visão atual de treinamento e desenvolvimento.

Sendo assim, podemos começar a entender como desenvolver e utilizar modelos de avaliação que realmente possam contribuir para o crescimento bilateral entre empresa x colaborador.

Avaliação de reação

A avaliação dos programas de treinamento e desenvolvimento atualmente se tornou a tônica de todo o processo dentro das organizações. Sabe-se, no entanto, que esta avaliação, em geral, divide-se em duas categorias: a avaliação de reação e a avaliação de resultados.

É importante para a área de Gestão de Pessoas e para o instrutor que haja um *feedback* imediato ao término de um programa ou de cada sessão. Este, que pode ser feito por escrito, através de um pequeno questionário, ou verbalmente, servirá como referencial para a melhoria de sua atuação e chama-se Avaliação de Reação.

O *feedback* falado leva a um maior entendimento do que se quer absorver, mas também tem a desvantagem de que nem todos os participantes têm facilidade em expor as suas colocações perante o instrutor.

Dependendo do público-alvo e das características do programa deve ser previsto e analisado qual o melhor tipo de avaliação de reação que pode ser utilizado para que ações corretivas, caso necessárias, possam ser efetuadas. Segue um grupo de itens que podem compor um modelo de avaliação de reação a ser utilizado pelas empresas.

1. O conteúdo atendeu às suas expectativas.
2. A carga horária do curso foi adequada.
3. O instrutor possui domínio do conteúdo.
4. Os recursos instrucionais contribuíram para a compreensão do assunto.

Como resposta às afirmações, pode ser criada uma escala de 1 a 5, onde 1 "não atende" e 5 "atende totalmente".

Já a forma de avaliação dos resultados deve ser estabelecida previamente à execução do programa. Encontram-se, relativos a esse processo, alguns estudos e práticas que reforçam a sua importância, como se poderá ver a seguir.

Avaliação de resultados de treinamento

ISO 10015

Para quem ainda não conhece, a **ISO** é uma organização fundada em 1946 e sediada em Genebra, na Suíça, e significa *International Organization for Standardization*, ou, em português, Organização Internacional de Padronização. Seu principal objetivo é promover o desenvolvimento de normas, concebidas para que as empresas melhorem seu desempenho e possam atuar em nível internacional, segundo as especificações consideradas de qualidade. Embora a ISO 9001 seja a mais conhecida, a ISO 10015 é a que mais se relaciona com a área de Gestão de Pessoas.

Essa norma traz recomendações para que as organizações estabeleçam, implementem, mantenham e melhorem a gestão de competências e os sistemas de desenvolvimento de pessoas, visando a conformidade de seus produtos e serviços às expectativas das partes interessadas. Importante citar que a norma se aplica a todos os tipos e portes de empresas.

Sabemos que a ISO 10015 vincula os investimentos em treinamento ao desempenho organizacional, considerando os princípios pedagógicos e os princípios de aprendizagem organizacional. Portanto, mais uma vez nos referimos à necessidade de se avaliar os resultados dos programas de capacitação e desenvolvimento.

Criada para garantir a qualidade dos treinamentos realizados, assim com outras normas de gestão, a ISO 10015 utiliza o enfoque baseado em processos, o que a torna simples e de fácil aplicação. Embora ainda não empregada na totalidade das empresas, talvez pela preocupação com a complexidade, verifica-se que aquelas que já conhecem os sistemas da ISO 9000 não encontrarão nenhum obstáculo de ordem conceitual ou técnica para sua implantação. Ao contrário, descobrirão um método que muito contribuirá para aumentar a eficiência e a eficácia das ações direcionadas para a gestão de pessoas.

Alguns pontos, no entanto, não podem deixar de ser contemplados e, embora se refiram ao papel dos gestores da organização, os profissionais de treinamento terão que monitorar e auxiliar com um trabalho de sensibilização.

Entre esses, a ISO 10015 cita que, dentro de um determinado período, após o término do treinamento, a gerência da organização deve garantir a realização de uma avaliação para verificar o nível de competência alcançado. Além disso, também devem criar e disponibilizar oportunidades apropriadas, na prática, para que o treinando possa aplicar as competências que estão sendo desenvolvidas.

Mais uma vez, como se percebe, usa-se o modelo das competências associado aos resultados dos programas de treinamento e desenvolvimento. No entanto, existe ainda, ao menos, mais um fator a ser considerado, que é o retorno sobre os investimentos realizados, mais conhecido como ROI de treinamento ("*return on investment*").

ROI de treinamento

O ROI de Treinamento conta hoje com algumas metodologias para sua mensuração. Serão citadas neste material as duas mais conhecidas.

A Escala de Avaliação de Treinamento de Kirkpatrick

Publicada em 1975, esta escala, elaborada por Donald Kirkpatrick, contempla quatro níveis de avaliação:

Nível 1	Reação/Satisfação
Nível 2	Aprendizagem
Nível 3	Mudança de Comportamento
Nível 4	Resultados

Figura 7.1 – Escala de Avaliação de Treinamento de Kirkpatrick

Entendendo o nível 1 como uma avaliação de reação, caracterizada pelo grau de satisfação do treinando com o programa de treinamento desenvolvido e ministrado, e o nível 2 relacionado à quantidade de aprendizado que foi incorporada a cada um dos participantes que o receberam, facilmente mensurado por uma prova ou teste específico, colocaremos o foco nos dois próximos níveis.

O nível 3, mudança de comportamento, segundo Kirkpatrick, pode ser avaliado por todos aqueles que se encontram envolvidos com a atuação profissional do participante do programa de treinamento, sejam eles gestores, pares, clientes etc.

O nível 4 é ainda mais difícil, em termos de subjetividade, pois avaliar resultados pressupõe que estes sofreram apenas a interferência do treinamento e nenhuma além. Neste caso, a solução se encontra na criação de grupos de controle, que não passarão pelo treinamento e que poderão ser avaliados comparativamente a um grupo que sofrerá diretamente esta ação.

A Metodologia de Philips

Já a metodologia de Jack Philips, criada em 1992, adiciona ao método de Kirkpatrick um quinto fator: o ROI, e, para utilizá-lo, divide este processo em cinco estágios: planejamento da avaliação, coleta de dados, análise dos dados e comunicação dos resultados, sendo os dois primeiros coletados durante o próprio programa, os dois outros após a implementação do programa e o último (ROI) tratado à parte.

Questionários, pesquisas de atitude, testes, entrevistas e grupos de foco são instrumentos utilizados por Philips para verificar resultados de treinamento. Na possibilidade de sua utilização, o cálculo do ROI fica mais simplificado e pode ser utilizada a fórmula a seguir:

$$\text{ROI} = \frac{\textbf{Benefícios Líquidos do Programa (Benefícios – Custos)}}{\text{Custos do Programa}} \times 100$$

Exemplo:

Um Treinamento de Vendas pode considerar como fatores:

- Lucro pós-treinamento
- Lucro pré-treinamento
- Custos do programa

Imaginando-se que:

- Lucro pós-treinamento = 240
- Lucro pré-treinamento = 100
- Custos do programa = 120

$$\text{ROI} = \frac{\textbf{(Lucro pós-treinamento – Lucro pré-treinamento) – custos do programa}}{\text{Custos do Programa}} \times 100$$

Neste caso:

$$\text{ROI} = \frac{\mathbf{(240 - 100) - 120 \times 100}}{100} = 20\%$$

Ou seja, o ROI deste treinamento foi de 20%, portanto, podemos considerá-lo como extremamente produtivo.

Entretanto, nem sempre poderemos mensurar os benefícios. Nestes casos, os mesmos são tratados como benefícios intangíveis.

A customização da mensuração do treinamento por competências

Já foi visto que não há mais o que se questionar sobre a importância da avaliação dos programas de treinamento realizados pelas organizações, divididas em avaliação de reação e avaliação de resultados.

Sabemos que é importante, para o instrutor, que haja *feedback* ao final de cada programa, chamado de Avaliação de Reação, mas que ele não verifica se o programa atingiu os resultados desejados. Isto só conseguirá ser feito por meio de uma metodologia de Avaliação dos Resultados.

A avaliação dos resultados ainda pode evoluir se soubermos exatamente que lacunas deveremos transpor para alcançar os resultados que queremos obter. Seguindo esse caminho, percebemos que quando temos o mapeamento das competências organizacionais e funcionais pelas empresas, e também o mapeamento do perfil dos integrantes de seus quadros funcionais, conseguimos, de forma mais fidedigna, avaliar os reais resultados do programa de treinamento comparativamente às lacunas apresentadas.

Para se trabalhar nesse formato, é preciso que se tenham todas essas definições previamente à execução do programa e com a participação da área de Gestão de Pessoas, do(s) cliente(s) e do(s) instrutor(es) do programa, quando este(s) não faz(em) parte da equipe de Recursos Humanos. Neste momento, portanto, já se deverá ter as competências que compõem as lacunas que se espera que sejam supridas com o programa, assim como os resultados esperados, com base nos indicadores estabelecidos.

Logo, os passos desse processo são constituídos das seguintes ações:

- Identificação das competências que compõem as lacunas;
- Definição dos conceitos das competências;
- Definição de indicadores mensuráveis para aquisição e aplicação das competências;
- Definição dos resultados esperados.

A partir daí, os resultados esperados já poderão ser verificados com base em alguns fatores primordiais, transformados posteriormente em uma matriz de avaliação de resultados, composta por duas variáveis: as competências e as dimensões.

As dimensões dos programas, citadas no início deste material, constituem-se em técnica, organizacional e comportamental. As competências deverão ser avaliadas em termos da necessidade de aquisição e aplicação.

Em relação às competências em cada dimensão, alguns instrumentos podem ser indicados para sua mensuração:

Técnica — pode ser medido através do índice de produtividade.

Organizacional — observada por meio da melhoria de resultados na relação fornecedor/cliente interáreas.

Comportamental — pode ser analisado através da observação da cooperação entre os integrantes de um determinado grupo ou na relação gestores x subordinados.

Contudo, existem ainda outros meios e instrumentos que podem ser utilizados para avaliar os resultados obtidos a partir dos processos de treinamento e desenvolvimento que estão sob nossa responsabilidade, como as avaliações de desempenho, as pesquisas de clima e as pesquisas de satisfação de clientes, dentre outros. Estes nos permitem, além de tudo, o acompanhamento da superação das lacunas entre a situação que estávamos vivenciando e o que queríamos como desejado.

Finalmente, o que falta para garantir o aumento da objetividade e uma maior segurança para apresentar os resultados previstos e alcançados é a criação de uma ferramenta própria e customizada, geralmente sob o formato de escalas numéricas de avaliação que serão transpostas para a matriz, refletindo o resultado final alcançado.

Visando uma maior compreensão, segue um modelo de avaliação de resultados de treinamento desenvolvido pela IMC Desenvolvimento Empresarial.

FORMULÁRIO DE AVALIAÇÃO DE RESULTADOS DE TREINAMENTO						
TREINAMENTO						
OBJETIVO						
PÚBLICO-ALVO / COLABORADOR						
COMPETÊNCIAS	INDICADORES	CRITÉRIOS DE MENSURAÇÃO	PRAZO	AVALIAÇÃO PRÉ-TREINAMENTO	AVALIAÇÃO PÓS-TREINAMENTO	OBSERVAÇÕES

Figura 7.2 – Formulário de Avaliação de Resultados de Treinamento (frente)

ESCALA DE AVALIAÇÃO

1 – O colaborador não possui a competência e/ou não aplica a competência no desenvolvimento de suas atividades.
2 – O colaborador possui a competência em desenvolvimento e/ou apresenta uma lacuna significativa em relação à aplicação da competência na realização das atividades do cargo.
3 – O colaborador possui a competência em grau adequado ao desenvolvimento das atribuições do cargo e/ou aplica a competência corretamente na execução de suas atividades.
4 – O colaborador adquiriu e desenvolveu plenamente a competência e/ou aplica a competência em grande escala, tornando-se referência em sua área de atuação.

LEGENDA

Treinamento – título do programa de treinamento
Objetivo – objetivo do programa de treinamento Público-alvo/colaborador – nome da área/equipe a ser treinada ou colaborador, no caso de necessidade de treinamento individualizado
Competências – competências do cargo/área que devem ser supridas por meio do programa de treinamento
Indicadores – indicadores já definidos por competência
Critérios de Mensuração – formas de mensuração dos resultados de treinamento. Ex: desenvolvimento de um determinado projeto, elaboração de um relatório ou planilha etc.
Prazo – tempo após o treinamento em que serão medidos os resultados
Avaliação Pré-Treinamento – avaliação a ser feita previamente à realização do treinamento. Pode ser individual ou referente à equipe a ser treinada
Avaliação Pós-Treinamento – avaliação a ser feita após o prazo definido no item Prazo. Pode ser individual ou referente à equipe treinada
Observações – registro de qualquer observação que se entenda como necessária ao processo de avaliação dos resultados do treinamento

Figura 7.3 – Formulário de Avaliação de Resultados de Treinamento (verso)

Lembramos que esse formulário é apenas um modelo, podendo ser adaptado ou customizado conforme as características e especificidades de cada organização. Em nossa prática, conseguimos excelentes elementos para análises das efetivas contribuições dos programas de treinamento quando o utilizamos.

Finalizando, a ocorrência de processos de mudanças nas organizações é ágil e constante. Por esse motivo, a função de Treinamento e Desenvolvimento tem participação indiscutível no sentido de facilitá-las. Somente através da educação e da participação haverá uma redução da resistência, além do aprimoramento e da capacitação do homem para o trabalho. Facilitar o processo de crescimento das pessoas, equipes e organizações constitui-se num desafio que vale a pena ser vivido.

A credibilidade dessas palavras poderá ser atribuída por meio de uma avaliação desse processo, foco deste estudo e do presente material. Quanto mais se conseguir criar e desenvolver ideias, adequando-as à realidade institucional, maiores serão os frutos deste esforço prazeroso.

8. Competências Comportamentais em Gestão de Pessoas por Competências

Por último, sabemos que uma nova realidade vem se impondo às organizações como consequência do novo cenário, e ela parece não se sustentar apenas por meio de uma construção técnica do saber. Ao contrário, muitas vezes se percebe a soberania das atitudes sobre a técnica, demonstrando que ações comportamentais vêm evoluindo consideravelmente em termos de importância, quando se trata de alcançar resultados de negócio.

Vale a pena, então, ressaltar um elemento que nem sempre é considerado quando tratamos das competências. Quais são os comportamentos que abrangem todo esse modelo e que fazem com que o mesmo apresente um nível de assertividade mais elevado? Não necessariamente são competências organizacionais ou mesmo funcionais relacionadas aos profissionais que lidam com gestão de pessoas, mas conhecimentos, habilidades e atitudes que perpassam todo esse processo e que, se conhecidos e adotados, contribuem para a melhoria da qualidade de vida dos colaboradores e da qualidade dos resultados das empresas.

Muitos comportamentos identificados são comuns a várias organizações, mas alguns deles merecem um tratamento especial, como é o caso das atitudes que precisam ser compreendidas para poderem se transformar em conhecimentos adquiridos e aplicados na rotina diária no ambiente de trabalho. Se esses comportamentos contribuem para a implantação do modelo de Gestão por Competências, é imprescindível conhecermos ao menos os principais.

Não pretendemos aqui abranger todas ou muitas teorias sobre cada comportamento, mas trazer alguns pontos que entendemos como relevantes sobre cada um deles, de forma a contribuir para a sua adoção quando da implantação do modelo de Gestão por Competências.

Dedicaremos este capítulo, portanto, àqueles comportamentos que mais se destacam.

Trabalho em equipe

Nas organizações, a formação de equipes torna-se fator-chave tanto para analisar problemas, como para dar início a um projeto. Entendendo que o modelo da Gestão por Competências e o respectivo mapeamento das competências de cada organização, assim como das competências referentes aos cargos que compõem sua estrutura organizacional, tem como um de seus objetivos a integração entre os subsistemas de gestão de pessoas das organizações, e isso depende da atuação das pessoas, podemos entender a importância do trabalho em equipe nesse contexto.

Um grupo se torna efetivamente uma equipe quando seus componentes estabelecem como prioridade o alcance de metas em conjunto. As diferenças individuais servem, neste caso, como complementos enriquecedores para a realização das atividades propostas.

O importante é o sucesso da equipe. Em uma equipe, os participantes se apoiam, colaboram sem "problemas de poder" e mantêm um processo de comunicação claro e aberto. Poderemos encontrar, a seguir, os principais objetivos e oportunidades de se trabalhar em equipe, o que mostra o quanto é eficaz para as empresas esse tipo de atuação.

Colaboração

O primeiro e principal benefício do trabalho em equipe eficaz encontra-se no espírito de colaboração que é desenvolvido. O próprio nome, quando desmembrado, já nos indica sua função: co-labor-ação, onde "co" significa em conjunto e "labor" significa trabalho. Logo, colaboração é a ação de trabalhar em conjunto. Nesta situação, as pessoas dão apoio umas às outras e cada uma auxilia o processo de crescimento das demais.

Comunicação

A comunicação é outro grande objetivo, já que a circulação de informações é uma característica apresentada pelas pessoas que compõem uma equipe. Este tem se apresentado como um dos principais problemas (se não o principal) da maioria das organizações. Deve ser lembrado, ainda, que quando a comunicação formal não ocupa seu espaço, ele é ocupado pela comunicação informal, dando margem a interpretações pessoais sobre vários assuntos que nem sempre são confidenciais e poderiam ser disseminados oficialmente nas empresas.

Recursos intelectuais

Os recursos, talentos, competências e habilidades são usados livremente e compartilhados com os demais componentes. Isso faz com que cada um supra os outros quando falta algum dado ou alguma informação. Toda troca pressupõe um crescimento, seja ela de conhecimento ou de posicionamento sobre determinado assunto, o que nos faz expandir nossos conceitos e ideias, ou ao menos repensá-los, gerando desenvolvimento.

Conjunto de decisões

Quando as decisões são tomadas em consenso, o tempo utilizado torna-se muito menor, além de, certamente, apresentarem uma qualidade muito maior. Decisões apressadas ou baseadas apenas em resultados anteriores costumam não funcionar mais, na medida em que estamos em uma constante evolução de cenário. Por isso, a análise conjunta de fatos e dados tem trazido resultados mais efetivos e produtivos.

Compromisso

Já que as decisões e soluções são consideradas como propriedade da equipe, as pessoas se sentem extremamente compromissadas em atingir o sucesso. Lembramos que compromisso não é firmado com base em votação, mas em discussão conjunta e análise de todos os elementos e variáveis que podem tornar as equipes mais seguras quanto às escolhas efetuadas.

Logicamente, com todas essas oportunidades, fica mais fácil de se perceber a importância de se relacionar, adquirir, desenvolver e aplicar tal atitude. Muitas vezes, a atitude ou predisposição de atuar em conjunto faz com que o "trabalho em equipe" seja mapeado como competência essencial ou funcional de várias organizações.

Se o quadro funcional de uma empresa conseguir agir de forma a criar efetivamente uma *equipe*, aumenta de forma significativa a probabilidade de acerto e sucesso. Portanto, é interessante analisar e entender alguns outros aspectos que se mostram básicos neste processo, além de servirem de alavanca para a criação e desenvolvimento das equipes de trabalho.

Um desses aspectos relevantes refere-se à motivação dos indivíduos.

Motivação

A motivação é um processo interno que nos leva a lutar em busca da satisfação de nossas necessidades. Como o próprio nome já indica:

MOTIVAÇÃO = MOTIVA A AÇÃO = MOTIVO QUE LEVA À AÇÃO

É o que nos move, nos impulsiona a agir. Segundo Abraham Maslow (2000), o homem é um eterno insatisfeito; sendo assim, possui uma série de necessidades que precisam ser atendidas. Embora existam várias teorias sobre o tema, a Teoria das Necessidades de Maslow, dentre outras, segundo a nossa compreensão, consegue dar forma a esse conhecimento tão essencial às empresas, portanto, trataremos especificamente dessa teoria.

A partir de pesquisas realizadas com base no comportamento humano, Maslow descobriu que todo indivíduo é motivado por cinco tipos de necessidades, sendo que a intensidade de cada uma varia conforme o contexto de vida que esteja sendo vivenciado. Aquela que estiver mais elevada é a que vai influenciar e gerar a maior parte dos nossos comportamentos.

Através desses estudos, Maslow concluiu que a mais forte delas é a **necessidade fisiológica**, ou seja, aquela que, se não for atendida, põe em risco a nossa sobrevivência.

Se temos fome, sede e/ou frio, não conseguimos ter nenhuma atitude que não seja a de procurar alimentos, água e/ou agasalho.

Quando essas necessidades são atendidas, obviamente, iremos procurar **segurança** através de um abrigo, um lar ou até mesmo um emprego que nos garanta suprir aquilo que precisamos.

A partir daí, vamos buscar contato com outras pessoas. As **necessidades sociais** ou de associação ficam em terceiro lugar na escala de Maslow.

Se somos bem aceitos em nossos grupos sociais, familiares, profissionais, com certeza se destacarão as próximas necessidades, que são associadas à **estima** ou ao **reconhecimento**, tanto externo, por aqueles que nos cercam, quanto interno, que chamamos de autoestima, que é a nossa própria valorização enquanto ser humano.

Por último na escala de Maslow, encontramos as necessidades de **autorrealização**, que se encontram relacionadas à constante busca de desafios que colocamos à nossa frente e tentamos superar em nosso dia a dia. Esta necessidade não acaba nunca, por mais que consigamos atender o máximo possível as anteriores, esta estará sempre presente em nossas vidas. É só pararmos para refletir que iremos lembrar quantos objetivos já colocamos à nossa frente e quando os atingimos voltamos a colocar outros mais difíceis para serem alcançados.

Se entendemos que a motivação é um processo interno e que, portanto, sofre a influência de nossos próprios desejos e vontades, além das necessidades criadas pelos fatores externos, podemos dizer que a motivação pode ser não só um instrumento de gestão de pessoas, como também uma competência a ser desenvolvida por todos aqueles que se encontram inseridos nas organizações ou, ao menos, algo que deve ser estimulado, o que conduzirá as equipes para o alcance dos resultados esperados.

Seguindo essa linha de raciocínio, o próximo comportamento ou competência que pode ser adquirido e aplicado com base na motivação chama-se liderança. Essa é uma competência que sempre é mapeada para os cargos que envolvem gestão de pessoas, tais como diretor, superintendente, gerente, coordenador, supervisor, encarregado etc.

Liderança

O sucesso de um líder se dá na medida em que o "chefe designado por decisão administrativa se torna líder por escolha voluntária da equipe a ele subordinada" e a ele é atribuído, dentre as responsabilidades técnicas e que levam ao alcance dos resultados, o papel de lidar com sua equipe e ajudá-la em sua evolução. Há, portanto, uma diferença entre ser chefe e se tornar líder.

O chefe é investido de autoridade para comandar o grupo de indivíduos que trabalham no setor da organização a ele confiado. Seu poder é derivado da instituição, vem de cima para baixo. No caso do líder, a autoridade é outorgada pelos subordinados — poder de influência. As pessoas se motivam a darem o melhor de si para alcançar os resultados desejados.

Embora existam traços de personalidade que podem facilitar a atuação de um chefe no papel de líder, acredita-se que a liderança é resultado de comportamentos adequados diante de situações a serem administradas. Este processo é denominado liderança situacional.

O conceito de "liderança situacional" foi trazido por Paul Hersey e Keneth Blanchard, em obra datada de 1982. Neste processo, as situações dependem do grau de maturidade funcional, "saber fazer", e psicológica, "querer fazer", dos subordinados. A primeira relaciona-se com os conhecimentos dos colaboradores para executarem satisfatoriamente suas atividades e a segunda com a motivação para a realização da tarefa.

O chefe que exerce de fato a liderança se adequa, portanto, às necessidades funcionais e psicológicas de seus subordinados, ou seja, ao seu nível de maturidade, conduzindo a equipe aos resultados desejados. O que resta saber é quando enfatizar o nível funcional (da tarefa), psicológico (do relacionamento) ou ambos, equilibradamente.

Para que este aspecto possa ser melhor compreendido, é possível fazer uma análise de cada uma das possibilidades de atuação dos integrantes de uma equipe, o que Hersey caracterizou como quatro possíveis estilos de liderança.

Estilo 1 — "diz o que fazer"

Caracteriza-se pela baixa conduta gerencial para o relacionamento e alta para a tarefa. Neste caso, há intensa supervisão do andamento das tarefas a serem executadas. Dessa forma, o subordinado aprende a fazer, se desenvolve e alcança resultados, tornando-o mais seguro para evoluir para a necessidade de um segundo estilo de liderança.

Estilo 2 — "vende a necessidade de fazer"

Caracteriza-se pela alta conduta gerencial para o relacionamento e para a tarefa.

Quando o subordinado se sente apto para executar suas tarefas, ele começa a questionar, a querer compreender o porquê delas. Cabe ao líder buscar orientar sua ação, explicando-lhe os objetivos de suas atividades no contexto geral da equipe e da organização; assim, ele especifica para o subordinado: o que, como, quando, onde e por que fazer. Consequentemente, a pessoa passa a entender melhor sua função, relacionando-a com o trabalho dos colegas e com os resultados do setor e da organização.

Estilo 3 – "solicita a participação"

Caracteriza-se pelo baixo grau de conduta para a tarefa e alta para o relacionamento.

Quando o subordinado compreende sua relação no contexto organizacional, inicia-se um outro nível de maturidade, onde se está pronto a sugerir novas maneiras de solucionar os problemas. O próprio colaborador traz algumas soluções baseadas em sua vivência na realização das atividades que lhe cabem. Cabe ao líder buscar sua participação nas decisões que dizem respeito a situações que o afetam, acatando-as sempre que fizerem sentido, conforme a sua experiência, o que contribuirá para a motivação de sua equipe.

Estilo 4 — "delega"

Caracteriza-se pela baixa estruturação de tarefas e baixa necessidade de relacionamento. O líder só acompanha os resultados.

Com base no exposto, nada mais natural do que entender liderança como uma competência relevante para as funções de gestão de pessoas. Embora alguns pontos que levam o gestor a acertar na escolha do estilo de liderança sejam o entendimento sobre a motivação e o grau de maturidade funcional (saber fazer) e psicológica (querer fazer) de cada subordinado, o líder, para acertar, deve desenvolver e aplicar ao máximo uma outra competência chamada percepção.

Além disso, embora o profissional de Gestão de Pessoas não seja o responsável pelas equipes de outras áreas, ele precisa exercer um papel de liderança em suas ações ou nos projetos pelos quais é demandado, o que o leva a, mais do que nunca, precisar desenvolver o comportamento citado a seguir.

Percepção

A percepção é o processo em que cada pessoa compreende a realidade exterior e a sua própria (heteropercepção e autopercepção). Esse processo, em geral, ocorre da seguinte forma:

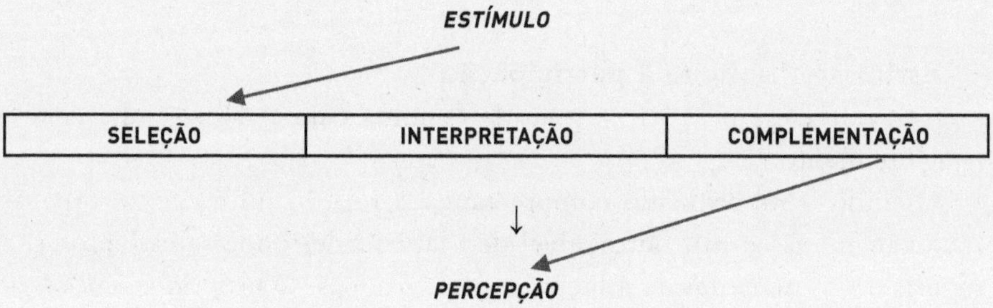

Figura 8.1 – O Processo da percepção

Normalmente, o ser humano recebe simultaneamente diversos estímulos, os quais passam por um filtro interno — seleção — em função da própria incapacidade de absorção de todos ao mesmo tempo.

Ao selecionar alguns estímulos, estes são interpretados conforme a história de vida de cada um, caracterizando a fase da interpretação. A fase da complementação ocorre quando, após a interpretação, é criada uma história em nosso pensamento sobre o que foi compreendido.

Esse processo, portanto, sofre a influência de fatores tais como: a experiência anterior (positiva ou negativa) sobre determinado estímulo, o contexto em que vivemos e nos encontramos inseridos, a situação interior que nos encontramos no momento da percepção e até mesmo as expectativas que temos em relação àquela variável.

Além disso, o processo da percepção pode ocorrer de duas formas: física, quando tratamos da percepção de um objeto físico (humano ou material), e social, quando há a interação entre o observador e o observado.

Isso significa dizer que a percepção auxilia em nossas relações interpessoais, facilitando a habilidade de conviver e nos comunicar com outras pessoas, pois nos conheceremos mais e as entenderemos melhor. Portanto, quanto mais conseguirmos expandir a percepção, maiores as possibilidades de nos envolvermos e desenvolvermos as nossas próprias competências ou aquelas que apresentam lacunas relativas às requeridas pelo meio ou pela organização em que atuamos.

Comunicação

A comunicação é a decorrência direta do processo de percepção e isso significa que é mais uma das competências imprescindíveis em praticamente todas as empresas. É por meio da comunicação que os objetivos são delineados e transmitidos, possibilitando a cada área de trabalho alcançar os resultados parciais esperados, cuja consolidação permite o sucesso da organização.

Comunicar significa tornar comum, tornar como um. Então, para que ocorra de fato um processo de comunicação, é necessário que um consiga transmitir o que deseja e o outro possa compreender o que é desejado, ou seja, há que se estabelecer um processo onde um transfere ao outro uma ideia ou informação de maneira a se obter a integração desejada.

O processo de comunicação ocorre envolvendo os seguintes elementos:

- **Emissor** — pessoa que deseja se comunicar;
- **Codificação** — modo que o emissor tem para expressar a ideia;
- **Mensagem** — conteúdo das informações acrescido de um código;
- **Canal** — voz, gestos, telefone são exemplos de canais;
- **Receptor** — pessoa que recebe a informação;
- **Decodificação** — o receptor tem que conhecer o código do emissor para decodificar a mensagem;
- **Feedback** — retorno ao emissor sobre o entendimento da mensagem.

A mensagem enviada pelo emissor pode não chegar de forma apropriada à mente do receptor, havendo distorções ou não se estabelecendo a comunicação. Qualquer ponto pode sofrer ruídos, prejudicando-o ou nos levando a situações de conflito, portanto a comunicação se caracteriza como mais uma competência relacionada à gestão de pessoas. Daí a importância de se compreender um pouco mais sobre o *feedback*.

O *feedback* é uma ferramenta interpessoal de inigualável valor na educação e na prática gerencial. Toda tentativa de negociação ou administração de conflitos, enfim, de relacionamento com outras pessoas, que vise ser bem-sucedida, a supõe. Dar e receber *feedback* é uma boa forma de avaliarmos se estamos conseguindo transmitir a mensagem de acordo com nossas intenções.

Feedback

O processo de *feedback* significa revelar e receber pensamentos, percepções e sentimentos de como o comportamento dos outros o afeta e solicitar e receber reações dos outros para saber como o seu comportamento os está afetando.

Tal processo, no entanto, nem sempre acontece sem revezes. Seu sucesso depende de que as intenções das partes envolvidas em um relacionamento sejam esclarecidas. Isso só é possível quando, no processo, há real interesse pelas reações e necessidades dos outros.

Considerando-se o mapeamento das competências, a probabilidade de um *feedback* mais fidedigno e que seja efetivamente compreendido pelo receptor é extremamente mais apropriada, na medida em que conta com conceitos e indicadores previamente definidos e que fazem parte da cultura da empresa.

Mas como podemos fazer isso?

Passos básicos para dar *feedback*:

- Expressar seus pensamentos, percepções ou sentimentos de forma direta;
- Não interpretar as intenções de outra pessoa, apenas descrever seu comportamento;

- Ser específico sobre o ponto a ser considerado;
- Não ser avaliativo ao transmitir sua mensagem;
- Planejar sessões periódicas para estabelecimento de *feedback* das questões emergentes. Manter os canais abertos;
- Valorizar também o *feedback* grupal. Quando as reações de todos com quem convivemos são apresentadas, é possível um quadro mais completo dos impactos de seu comportamento.

A troca de informações, portanto, é de grande valia para a confirmação da percepção dos comportamentos apresentados por todos com os quais convivemos e, principalmente, de como podemos agir mediante cada um deles.

Entretanto, mesmo com todos esses cuidados, ainda temos algumas possibilidades de geração de conflitos (ou divergências) entre os interlocutores, o que nos leva a considerar também aspectos de administração de conflitos em nossa implantação do modelo de Gestão por Competências.

Administração de conflitos

Não há relacionamento e comunicação entre pessoas sem que ocorram conflitos; é uma característica natural de todas as relações humanas, já que somos diferentes. Devemos lembrar, entretanto, que conflito não significa problema e sim uma divergência de opiniões.

O conflito ocorre porque as percepções e reações de duas ou mais pessoas envolvidas em um relacionamento não são necessariamente iguais ante a mesma situação. Além disso, nem sempre a percepção e reação da pessoa com quem mantemos uma relação corresponde à expectativa criada.

Normalmente, em situações de conflito, o comportamento do indivíduo é condicionado ou pelo seu interesse em preservar a relação, o que o faz adotar uma atitude de colaboração, ou pelo interesse em realizar metas pessoais, o que o faz adotar uma atitude de afirmação.

Em decorrência da adoção de uma destas atitudes, o comportamento das pessoas perante o conflito pode ser classificado em cinco tipos:

Competição

Neste estilo, o indivíduo busca satisfazer suas próprias inquietações às custas de outras pessoas. É um comportamento orientado para o poder, uma vez que o indivíduo usa todos os meios disponíveis para afirmar sua posição e alcançar seus objetivos. Pode ser aconselhável em situações que exijam uma ação rápida, como implementar medidas impopulares, para fazer valer uma ideia que considera essencial para o bem-estar da organização ou do outro, ou para se proteger de pessoas que costumam se aproveitar de situações.

Adaptação

É o oposto da competição. O indivíduo descuida de seus próprios interesses a fim de satisfazer os da(s) outra(s) pessoa(s). É aconselhável seu uso quando se percebe que não se tem razão, para aprender com os outros, quando for importante preservar a harmonia e evitar a ruptura, ou ainda para contribuir para o desenvolvimento da outra parte, permitindo-lhe situações novas de aprendizado.

Cooperação

Significa a busca de soluções que satisfaçam plenamente as inquietudes das partes envolvidas no conflito. Seu uso é necessário quando as partes apresentam ideias importantes, permitindo sua combinação através da exposição de seus próprios pontos de vista e entendimentos do outro.

Compromisso

Implica na busca por uma solução que satisfaça parcialmente ambas as partes. Pode significar compartilhar as diferenças, intercâmbio de concessões ou busca rápida de uma decisão através de uma posição intermediária. Seu uso é indicado quando a cooperação e a competição não estiverem funcionando.

Evasão

Neste estilo, o conflito não é enfrentado, não se ocupando o indivíduo nem de seus próprios interesses nem dos interesses da(s) outra (s) pessoa(s). Seu uso é indicado quando: há assuntos mais importantes a serem tratados, seus interesses não serão satisfeitos, o prejuízo de enfrentar o conflito é maior que o benefício de solucioná-lo ou para permitir que os ânimos se acalmem.

Podemos e devemos tomar alguns cuidados para tentar que as divergências sejam antecipadamente e proativamente tratadas, de maneira que não tenhamos adversidades maiores na decisão conjunta sobre o que precisa ser tratado ou desenvolvido. Para isso, é relevante conhecer alguns pontos relacionados ao processo de negociação.

Negociação

Negociar é um processo de troca que visa o estabelecimento de acordos ou compromissos. Percebe-se que, em geral, a tática mais utilizada no processo de negociação é a de ganhar-perder. No entanto, tal tática pode contribuir com a desmotivação da parte perdedora e até mesmo que se fechem portas para novas negociações. Assim, o ideal é se criar uma relação em que ambas as partes saiam ganhando.

A confiança é um fator fundamental para que as pessoas tenham uma atitude favorável à negociação e os fatores geradores de confiança são:

- Credibilidade, quando existe o cumprimento de acordos firmados;
- Coerência, quando aquilo que se diz está de acordo com que se acredita e é o que adotamos na prática;
- Aceitação, é quando sabemos conviver com sentimentos, valores e princípios do outro mesmo quando diferentes dos nossos e;
- Abertura, é quando revelamos às pessoas tudo que de alguma forma as afeta diretamente e que não são confidenciais.

Reparem que esse tipo de atitude fortalece o conceito do modelo de Gestão por Competências, principalmente por ter sua base em transparência e respeito, na medida em que todos conhecem o que é esperado por parte da organização e também da outra parte com a qual precisam interagir. Mas a negociação não é um processo que se encerra por si só. Ela é um processo que se consiste de várias etapas no decorrer de sua execução, como se pode ver a seguir:

Preparação — é conhecer o outro, bem como ter uma clara ideia dos objetivos a seguir; o que eu posso e o que eu desejo conseguir na negociação; é estabelecer os limites máximos e mínimos a alcançar.

Abertura — é a solicitação da entrevista, em que se procura criar um clima propício à negociação.

Exploração — é a sondagem das necessidades da outra pessoa, a fim de atendê-la com o nosso produto, serviço ou informação.

Apresentação — é a própria apresentação do produto, serviço ou informação; é quando se busca mostrar suas caraterísticas, vantagens e benefícios.

Clarificação — consiste no esclarecimento de dúvidas, para evitar ou reduzir objeções durante o processo.

Ação final — é o estabelecimento dos compromissos, com definição das ações que cabem a cada parte.

Já dá para se perceber que a negociação consiste em um processo complexo e que, normalmente, cada um possui um estilo de atuação. No entanto, se conhecermos esses estilos e suas implicações, certamente pensaremos um pouco mais na hora que precisarmos iniciar uma negociação e, possivelmente, teremos grandes chances de encerrá-la de uma forma que todos saiam ganhadores e satisfeitos.

Vamos lembrar que a negociação está presente em todos os subsistemas de gestão de pessoas: seleção (quando negociamos com os responsáveis pelas vagas em aberto e com os candidatos), cargos, carreiras e salários (quando negociamos com outras organizações para realização de pesquisas; com a área de Gestão de Pessoas e colaboradores para ações de evolução funcional; com sindicatos e associações para acordos coletivos, dentre outras), avaliação de desempenho (quando negociamos os resultados de avaliação com subordinados, gestores e todos aqueles que se encontram envolvidos diretamente no processo, dependendo da metodologia adotada) e treinamento e desenvolvimento (quando negociamos todas as especificações do programa com os clientes e/ou fornecedores).

E como isso funciona?

Estilos de Negociação:

De acordo com os valores, características individuais e com a hierarquia de nossas necessidades, assumimos comportamentos diferentes perante o mundo. Tais comportamentos influenciam nossas maneiras de negociar com outras pessoas, possibilitando a formação de determinados estilos de negociação.

Encontramos pessoas que, diante do mundo, buscam tomar iniciativas e decisões rápidas, sendo dominantes; outras que preferem observar e analisar as situações e esperam ser solicitadas a se envolver no assunto, sendo condescendentes. Ao mesmo tempo podem mostrar-se fechadas, autocontroladas, organizadas — sendo formais; ou, por outro lado, impulsivas, espontâneas — sendo informais. A conjugação desses diferentes comportamentos determina a forma como nos portamos em uma negociação, ou seja, gera estilos de negociação, os quais poderemos conhecer a seguir:

Apoiador: a pessoa se caracteriza como predominantemente informal e condescendente. Mostra-se extremamente prestativa e solícita, esforçando-se para minimizar conflitos interpessoais. Em geral, deixa que os outros tomem a iniciativa, sentindo dificuldade em negar algum pedido ou assumir que não está entendendo algum tema ou procedimento. Sendo assim, é importante uma maior proximidade com os apoiadores, para entender melhor suas lacunas ou qual o grau de necessidade para supri-las.

Controlador: a pessoa se caracteriza como dominante e formal. É ativa, independente e ambiciosa, aparentando autoconfiança. Busca tomar iniciativa e tende a exercer uma atitude controladora. Embora costume saber o que quer e o que precisa, normalmente tem dificuldade de demonstrar seus sentimentos e necessidades, portanto, é importante mostrar que resultados poderá atingir com o que se propõe para que ela mesma faça a sua avaliação.

Catalisador: a pessoa se caracteriza como dominante e informal. Envolve-se de modo ativo. Em geral é uma pessoa aparentemente muito alegre e dinâmica, que busca convencer o outro a agir segundo o seu ponto de vista. Tem facilidade para se relacionar, mas devido ao seu grau de dominância e assertividade nas colocações, pode confundir o outro quanto às suas reais necessidades.

Analítico: a pessoa se caracteriza como formal e condescendente. De uma maneira geral, não se arrisca, buscando analisar todos os elementos que lhe são trazidos antes de agir ou comentar seu posicionamento. As pessoas analíticas são organizadas e meticulosas e querem saber todos os detalhes sobre o que lhes é apresentado, portanto, é importante um planejamento prévio bem elaborado quando se trata de negociar algo com os analíticos.

Podemos perceber, desse modo, que o sucesso das empresas na implantação do modelo da Gestão por Competências está diretamente associado ao conhecimento, à compreensão e à flexibilidade com que utilizamos todos esses conceitos, de maneira que sejam instrumentos de crescimento da equipe, evitando que sejam fontes de conflitos por gerarem insatisfações entre as pessoas devido a processos de negociação mal articulados.

Por fim, é interessante entender que para lidar bem com todos esses aspectos comportamentais, utilizando-os em prol da coletividade e em busca de uma maior qualidade de vida e de trabalho, favorecendo a aquisição, o desenvolvimento e a aplicação das demais competências, é fundamental que se comece a planejar essas ações e a resgatar a nossa criatividade, tão presente e necessária atualmente nas organizações, para nos direcionarmos cada vez mais ao sucesso de nosso objetivo.

Planejamento

As causas fundamentais de muitos de nossos problemas atualmente são atribuídas a uma poderosa tendência da natureza humana denominada "a lei do apresse-se". Esse impulso psicológico muitas vezes nos leva a direcionar nossos esforços para fatos e dados irrelevantes, ao invés de concentrar nossa atuação em prioridades e metas realmente importantes.

Considerando-se essa questão, e se queremos aumentar nossa produtividade de trabalho e nossa satisfação pessoal, temos que levar em conta o aspecto do planejamento em nossas vidas.

É comum, quando temos algo a fazer, partirmos imediatamente para sua execução. Essa é nossa cultura, mas, frequentemente, somos obrigados a regredir e refazer a mesma atividade. Por que isso acontece? A resposta encontra-se no planejamento do que iremos fazer.

Sabemos que um bom planejamento é baseado na definição de objetivos a serem alcançados em períodos previamente estabelecidos ou negociados, portanto, devemos nos ater em como identificá-los, determiná-los e analisá-los. Reparem a sincronicidade com o modelo das competências. Se queremos aprimorar ou desenvolver novas competências, planejar é uma ação fundamental, iniciando pela definição dos nossos objetivos.

A definição de objetivos

Conceitua-se *objetivo* como o indicador de condições ou resultados que devem ser atingidos e mantidos. Devemos entender, portanto, que o mesmo precisa ser:

- explícito — a clareza na definição de um objetivo é imprescindível já que, só assim, poderemos canalizar nossos esforços em um sentido único;
- mensurável — só a expressão de um objetivo de forma quantitativa nos levará à certeza se o atingimos ou não;
- realista — devemos levar em conta todos os fatores que cercam o objetivo para verificar a sua real viabilidade.

Para um maior entendimento, e para clarificar ainda mais o conceito, nossos objetivos deverão ser formulados da seguinte forma:

Ex.:

AÇÃO	CONDIÇÃO	CRITÉRIO
Fechar a folha de pagamento	sem erros	até o dia 30 de cada mês.

Figura 8.2 – Exemplo de objetivo

Como prosseguimento, poderemos identificar alguns fatores que estão intimamente relacionados à identificação e formulação de objetivos, que são as estratégias e os planos de ação.

A definição de estratégias

Consideramos *estratégia* um plano alternativo de utilização dos recursos disponíveis, explorando condições favoráveis com o fim de alcançar objetivos específicos. A estratégia é uma "possível" solução para o alcance dos objetivos. Dizemos possível, porque nem todas são necessariamente eficazes antes de uma análise criteriosa.

Devemos, portanto, fazer uma análise de alternativas para escolhermos a melhor estratégia para se obter o resultado esperado. Isso pode ser feito através de três etapas:

- verificação histórica — esta é a fase da coleta de dados, onde devemos consultar se algo semelhante já foi realizado anteriormente e quais os seus resultados;
- análise de custo x benefício — as estratégias que trazem melhores resultados com o menor custo geral são certamente as mais interessantes de serem adotadas;
- identificação de riscos e oportunidades — cada estratégia deve ser analisada considerando o impacto que sua ação pode causar, tanto positivo quanto negativo. Isso irá justificar sua adoção ou não.

Definidos os objetivos e escolhidas as estratégias de ação, o próximo passo refere-se ao plano de ação para colocá-las em prática.

A definição do plano de ação

O plano de ação se compõe de um fluxo de atividades coordenadas, de maneira que tudo aconteça como previsto. É um instrumento bastante simples e baseia-se nas respostas às seguintes perguntas:

- O que fazer?
- Quem vai fazer?
- Quando fazer?
- Como fazer?

Para uma boa atuação deste planejamento, podemos utilizar um fator que muito auxilia na obtenção dos resultados que se quer alcançar. Este modelo refere-se ao processo de criatividade que precisamos urgentemente resgatar, em função das mudanças e situações novas que vêm se apresentando no cenário nacional e mundial.

Criatividade

Se pensarmos que criatividade não é apenas a consideração do novo, a atuação diferenciada, mas também o conhecimento do assunto para que se possa trabalhá-lo, fica mais fácil compreender que todos nós somos criativos, e é uma questão apenas de resgatar esse nosso potencial e utilizá--lo em nosso dia a dia.

Todos os pensamentos, atos, emoções e sentimentos são determinados pelo nosso cérebro. Pesquisas já evidenciaram que o grau de criatividade que normalmente utilizamos é oriundo do hemisfério direito do cérebro. Ele caracteriza o "eu experimental", o intuitivo, o emocional, os sentimentos, em contraposição ao hemisfério esquerdo, que se identifica como lógico, planejado, organizado e baseado em fatos.

De uma maneira geral, nós tendemos a desenvolver mais apenas um dos lados do cérebro e, em função de nossa realidade organizacional, o mais comum é que este seja o lado esquerdo. No entanto, se quisermos, podemos tentar a múltipla dominância através de alguns comportamentos.

Para se estimular o lado direito do cérebro, deve-se:

- dar valor aos sentimentos;
- dar valor à espontaneidade;
- respeitar a intuição;
- dar valor às abordagens instintivas, experimentais e humanísticas;
- dar valor às respostas do corpo;
- atenuar os módulos intelectuais.

Por curiosidade, para se estimular o lado esquerdo do cérebro, podemos:

- respeitar os processos cognitivos;
- dar valor ao formato e à estrutura;
- respeitar a lógica;
- dar valor às abordagens planejadas, organizadas e racionais;
- dar valor aos fatos.

Como já foi citado, só conseguiremos atuar segundo os critérios dos dois hemisférios se soubermos avaliar o quanto é importante a utilização do nosso lado organizado e do nosso lado criativo na resolução de problemas, tomadas de decisão, gerenciamento de pessoas e, principalmente, na identificação e desenvolvimento de competências.

Somente agindo assim, conseguiremos atuar efetivamente na nossa área de trabalho e no papel de Gestão de Pessoas, em especial no modelo de Gestão por Competências, contribuindo para o alcance dos objetivos de negócio da organização.

Se o nosso papel em Gestão de Pessoas se caracteriza por uma atuação imparcial, focada em resultados, mas considerando as questões humanas e as diferenças individuais como possibilidade de crescimento e não como forças antagônicas, o modelo de Gestão de Pessoas por Competências nos ajuda sobremaneira, pois é capaz de tornar nossa comunicação mais clara, baseada em fatos, além de podermos discutir o alcance de resultados a partir do que efetivamente as empresas esperam de seu quadro funcional, tudo isso com muita transparência e objetividade.

Conclusão

A ocorrência de processos de mudanças nas organizações é elevada, ágil e constante. Por esse motivo, as ações da área de Gestão de Pessoas têm participação indiscutível no sentido de facilitar o gerenciamento desses processos.

Na era da competitividade e da turbulência financeira em que nos encontramos, atrair e reter talentos passa a constituir o diferencial das organizações, sejam elas da área pública, do setor privado ou do terceiro setor. Processos e resultados são essenciais, mas quem os otimiza e define, respectivamente, são as pessoas, razão pela qual precisamos nos concentrar nesse foco.

As transformações tecnológicas, sociais, políticas e econômicas e o aumento da complexidade dos negócios fazem com que haja a necessidade de ampliarmos cada vez mais nossa percepção. A geração de alternativas viáveis em função do cenário se torna outra exigência. Além disso tudo, precisamos transformar essas estratégias pensadas em ações adotadas na prática, o que não é tarefa fácil.

Para isso, precisamos de pessoas não só qualificadas tecnicamente, como profissionais dispostos a assumir riscos, preocupados com seu desenvolvimento constante e capazes de olhar as variáveis externas e internas com atenção e perspicácia.

O perfil de cada um irá determinar o grau de convergência com as necessidades das organizações. Nesse sentido, podemos entender quais são os verdadeiros talentos. Não talentos como uma marca ou uma característica, mas como pessoas que possuem competências que contribuem para o alto desempenho das organizações onde trabalham.

Para identificar as competências requeridas pelas empresas, é de extrema relevância o conhecimento de seus direcionadores estratégicos e das funções desempenhadas, documentos estes que dão origem aos perfis de toda a organização.

Assim, identificar talentos se torna uma tarefa menos árdua, pois, segundo Davenport (2001, p. 210): "Um acordo equilibrado que pondere os interesses de ambos, indivíduo e organização, é o cerne de qualquer estratégia bem-sucedida de retenção de pessoal. O equilíbrio reforça não só o envolvimento no trabalho, como também essa outra contribuição que é o comprometimento com a empresa."

Mas não basta identificar e atrair talentos. A saída de talentos é significativa e gera prejuízo, pois perder os profissionais que já conhecem a empresa e vivenciaram todas as suas mudanças relevantes, leva à perda da história, da cultura e, possivelmente, de sua identidade.

Cabe ainda entender melhor algumas outras questões quando se fala de talentos. Estes não apresentam apenas pontos fortes, mas certamente sabem reconhecê-los e trabalhá-los visando os resultados estabelecidos. Da mesma maneira, possuem pontos críticos, mas conseguem administrá-los e superá-los por meio de esforço, dedicação e comprometimento.

Nesse contexto, o papel da liderança também é fundamental, pois consiste na transformação de indivíduos em parceiros do negócio, atuando na identificação de suas equipes e facilitando a adaptação à empresa, assim como orientando-os para a realização da missão e o alcance dos objetivos estratégicos, táticos e operacionais.

Quanto à área de gestão de pessoas, um de seus grandes desafios consiste na preparação do quadro de gestores para a identificação e retenção dos talentos. Michaels *et al.* (2002, p. 48) afirmam que a formação de um *pool* de talentos extrapola investimentos em ações de treinamento. Antes, é necessária uma mentalidade voltada para talentos tanto pela área de gestão de pessoas como pela liderança.

Entretanto, as ações que englobam treinamento, desenvolvimento, remuneração, reconhecimento e qualidade de vida não podem ser esquecidas.

A utilização de modelos pedagógicos que favoreçam o processo ensino-aprendizagem e, consequentemente, o desenvolvimento das equipes, deve ser incentivada pelo poder decisório, embora não se possa esquecer de criar uma metodologia de avaliação de resultados, sem a qual não podemos medir de forma justa e equilibrada o que pôde ser absorvido por aqueles que viveram o papel de treinandos. Esta, sem sombra de dúvida, é uma ação que leva ao alcance do objetivo de autodesenvolvimento, tão valorizado nos dias de hoje, em especial pelos profissionais da geração Y.

Recompensas financeiras — salários, benefícios, programas de participação nos lucros e resultados, bônus, dentre outras — costumam atrair e manter o colaborador nas organizações, mas não necessariamente criam nele a vontade e o sentimento de pertencimento àquela empresa. Portanto, embora constituam a base para a não insatisfação do empregado, não necessariamente se constituem em um acervo de ações de satisfação. Ações não financeiras — aquelas que privilegiam o reconhecimento, o *status* —, no entanto, são vistas como elementos que levam à satisfação.

Outro aspecto bastante relevante tem sido o planejamento de carreira. Profissionais vêm se mostrando atraídos por empresas que lhes apresentem a possibilidade de evolução funcional, com regras claras e carreiras bem definidas. Para se tornar viável, todavia, é necessária a existência de um plano de cargos e salários, bem como uma ferramenta para avaliar o desempenho que se mostre meritocrática e torne o reconhecimento uma prática justa e adotada por todos.

Ainda temos o clima organizacional como um aspecto significativo. Ações orientadas para o trabalho em equipe e uma relação mais saudável entre fornecedor-cliente favorecem o sentimento de satisfação e a vontade de apegar-se àquela organização.

Programas que geram resultados em curto prazo, tais como os programas de sugestões e os de otimização de processos, têm sido utilizados já há algum tempo. Esses se caracterizam por uma proposição de ideias referentes ao próprio trabalho ou a determinadas atividades de outras áreas que possam ser de conhecimento do colaborador.

Por outro lado, e complementando os pontos acima citados, não se pode perder a preocupação relacionada à qualidade de vida proporcionada pelas organizações. Em geral, os colaboradores possuem o desejo de permanecer nas organizações quando se sentem felizes (com o trabalho, com a equipe, com a organização...). O bem-estar físico, psíquico e social (programas de saúde, ergonomia, ginástica laboral, *fitness*, eventos de integração etc.) favorece a felicidade no trabalho e o aumento da produtividade, elevando a vontade de continuar pertencendo àquele ambiente de trabalho.

Em suma, fatores racionais como remuneração, benefícios e carreira são fundamentais para a atração e retenção dos talentos, mas não se podem esquecer os aspectos socioemocionais, tais como reconhecimento, clima e qualidade de vida para a manutenção da qualidade do trabalho e do sucesso da organização.

Desenvolver programas que caracterizem a identidade da empresa é essencial, assim como mantê-la competitiva no mercado, seja por meio de seus processos e políticas de gestão de pessoas, como também pelas práticas direcionadas à felicidade no trabalho. Só assim conseguiremos atrair, manter e reter esses profissionais valiosos para o sucesso organizacional.

Nesses termos, a gestão das pessoas nas organizações exige conhecimentos e habilidades extras: compreensão do comportamento humano e capacidade para o relacionamento interpessoal. Busca-se uma realização dos recursos humanos e o reconhecimento de que eles são o principal instrumento para atingir o sucesso organizacional.

Sabemos que a introdução de mudanças nem sempre é bem recebida. O novo abala a habilidade de manejar situações já dominadas através do tempo. Desta forma, é comum os indivíduos assumirem uma atitude resistente diante da mudança, dizendo não a propostas que nem sequer pararam para avaliar ou, então, atacarem-nas antes mesmo de examiná-las.

Precisamos utilizar modelos que otimizem e tornem mais dinâmica a obtenção de resultados produtivos por parte dos quadros funcionais das empresas e agir proativamente, com base em modelos que sejam mais objetivos, em linha com os direcionadores estratégicos e sustentados por si só.

Implantar a Gestão por Competências nas empresas, além da vantagem de poder ser adotada por todos os tipos e tamanhos de organizações, traz a oportunidade de nos mantermos em conformidade com as leis e de atuarmos em uma prática muito mais simples de ser compreendida, mais rápida para utilização e, principalmente, mais objetiva, trazendo a transparência e a meritocracia tão desejadas aos processos de Gestão de Pessoas.

Não é tarefa linear, mas se não tivermos a predisposição de, ao menos, encarar os desafios, corremos o risco de nos tornar obsoletos e, mais do que isso, jamais teremos a sensação de termos participado ativamente do processo de mudança de nossas organizações e da própria sociedade em que vivemos.

Referências

ASSIS, Marcelino Tadeu de. *Gestão de programas de remuneração.* Conceitos, aplicações e reflexões: visão generalizada dos programas de remuneração. Rio de Janeiro: Qualitymark, 2011.

ASSOCIAÇÃO BRASILEIRA DE NORMAS TÉCNICAS (ABNT). *NBR ISO 10015*: Gestão da qualidade – Diretrizes para gestão da competência e desenvolvimento de pessoas. Rio de Janeiro: ABNT, 2020.

BERGAMINI, Cecilia Whitaker. *Competência*: A chave do desempenho. São Paulo: Atlas, 2012.

BOOG, Gustavo G. (coord.). *Manual de treinamento e desenvolvimento*: Um guia de operações. Manual Oficial da ABTD. São Paulo: Pearson Makron Books, 2001.

BRASIL. *Decreto-lei nº 5.452, de 1º de maio de 1943.* Aprova a Consolidação das Leis do Trabalho. Brasília, 1943.

CARVALHO, Iêda Maria Vecchioni et al. *Cargos, carreiras e remuneração.* 2ª ed. Rio de Janeiro: Editora FGV, 2011.

CARVALHO, Iêda Maria Vecchioni et al. *Recrutamento E Seleção Por Competências.* 2ª ed. Rio de Janeiro: Editora FGV, 2008.

CHARAN, Ram et al. *Pipeline de liderança*: O desenvolvimento de líderes como diferencial competitivo. Rio de Janeiro: Sextante, 2018.

CHARAN, Ram; BOSSIDY, Larry. *Execução*: A disciplina para atingir resultados. Rio de Janeiro: Alta Books, 2019.

Collins, Jim; Porras, Jerry. *Feitas para durar* – Práticas bem-sucedidas de empresas visionárias. Rio de Janeiro: Altabooks, 2020.

Collins, Jim; Porras, Jerry. *Empresas feitas para vencer* – good to great. Rio de Janeiro: Campus Elsevier, 2001.

Davenport, Thomas H.; Beck, John C. *A Economia Da Atenção.* Rio de Janeiro: Elsevier, 2001.

Dutra, Joel Souza. *Competências*: Conceitos e instrumentos para a gestão de pessoas na empresa moderna. São Paulo: Atlas, 2004.

Dutra, Joel Souza (Org.). *Gestão por competências.* São Paulo: Gente, 2001.

Fidelis, Gilson José. *Treinamento e desenvolvimento de pessoas e carreira*: Uma abordagem na educação corporativa. Rio de Janeiro: Qualitymark, 2008.

Fleury, Maria Tereza Leme; Oliveira Jr. (orgs.). *Gestão estratégica do conhecimento.* Integrando aprendizagem, conhecimento e competências. 1ª ed. 8ª reimpressão. São Paulo: Atlas: 2012.

Goleman, Daniel. *Inteligência emocional.* A teoria revolucionária que redefine o que é ser inteligente. Rio de Janeiro: Objetiva, 2020.

Gramigna, Maria Rita. *Modelo de competências e gestão dos talentos.* 2ª ed. São Paulo: Pearson, Prentice Hall, 2007.

Hersey, Paul; Blanchard, Ken. *Management of organizacional behavior*: Leading Human Resources. 4ª ed. New Jersey: Prentice-Hall, 1982.

Koffman, Fred. *Consciência nos negócios*: Como construir valor através de valores. Rio de Janeiro: Campus, 2007.

Le Boterf, G. "De la compétence – essai sur un attracteur étrange". *Les éditions d'organisation.* Paris: Quatrième Tirage, 1995.

Martins, Helio Tadeu. *Gestão de carreiras na era do conhecimento*: Abordagem conceitual e resultados de pesquisa. 2ª ed. Rio de Janeiro: Qualitymark, 2010.

Maslow, Abraham H. *Maslow no gerenciamento.* Rio de Janeiro: Qualitymark, 2000.

Matteu, Douglas; Sita, Mauricio; Ogata, Massaru. (coord.). *Treinamentos comportamentais*: Grandes especialistas ensinam como despertar o seu potencial criativo. Seja um treinador de si mesmo e atinja excelentes resultados. São Paulo: Ser Mais, 2013.

McClelland, D. C. "Testing for competence rather than intelligence". *American Psychologist* (S.1.), pp. 1-14, jan. 1973.

Michaels, Ed et al. *A guerra pelo talento*: O talento como diferencial estratégico entre as empresas. Rio de Janeiro: Campus, 2002.

Organization Science. A Model of Work Based Learning. Vol.8, No. 6 pp. 563-578, 1997.

Palmeira, Cristina Gomes. *ROI de treinamento, capacitação e formação profissional*: Retorno de investimento. Sistemas de mensuração. Rio de Janeiro: Qualitymark, 2008.

Philips, Patricia Pulliam; Philips, Jack. *Return on Investiment (ROI)*. California: ASTD Press, 2005.

Prahalad, C. K.; Hamel, G. "The core competence of the corporation". *Harvard Business Review*, v. 68, n. 3, mai./jun. 1990.

Rabaglio, Maria Odette. *Seleção por competências*. 4ª ed. São Paulo: Educator, 2007.

Reiman, Joey. *Propósito*: Por que ele engaja colaboradores, constrói marcas fortes e empresas poderosas. São Paulo: HSM Editora, 2013.

Ruggiero, Alberto Pirró; Falcão, Gustavo. *Percepção e aprendizagem para a gestão de pessoas*. São Paulo: MOT, 2011.

Schein, Edgar H. *Cultura organizacional e liderança*. São Paulo: Atlas, 2009.

Wagner III, John A.; Hollenbeck, John, R. *Comportamento organizacional*: Criando vantagem competitiva. São Paulo: Saraiva Educação, 2020.